LE LIVRE APRÈS-SKI*

Création graphique : Nicolas Barberon
Prépresse et fabrication : Studio Trium

Couvent Sainte-Cécile
37, rue Servan – 38000 Grenoble

Loi n°49956 du 16 juillet 1949 sur les publications destinées à la jeunesse.

ISBN : 978-2-3440-0922-2
Dépôt légal : novembre 2015

À NOUS LES VACANCES D'HIVER !

LE LIVRE APRÈS-SKI

TEXTE : STÉPHANE FRATTINI
ILLUSTRATIONS : GRÉGOIRE MABIRE

Glénat jeunesse

SOMMAIRE

Partie I **RÉCIT**

Partie II **LES PAGES DOC**

TOUT SAVOIR SUR LA MONTAGNE ET LE SKI

Partie III **LES PAGES JEUX ET ACTIVITÉS**

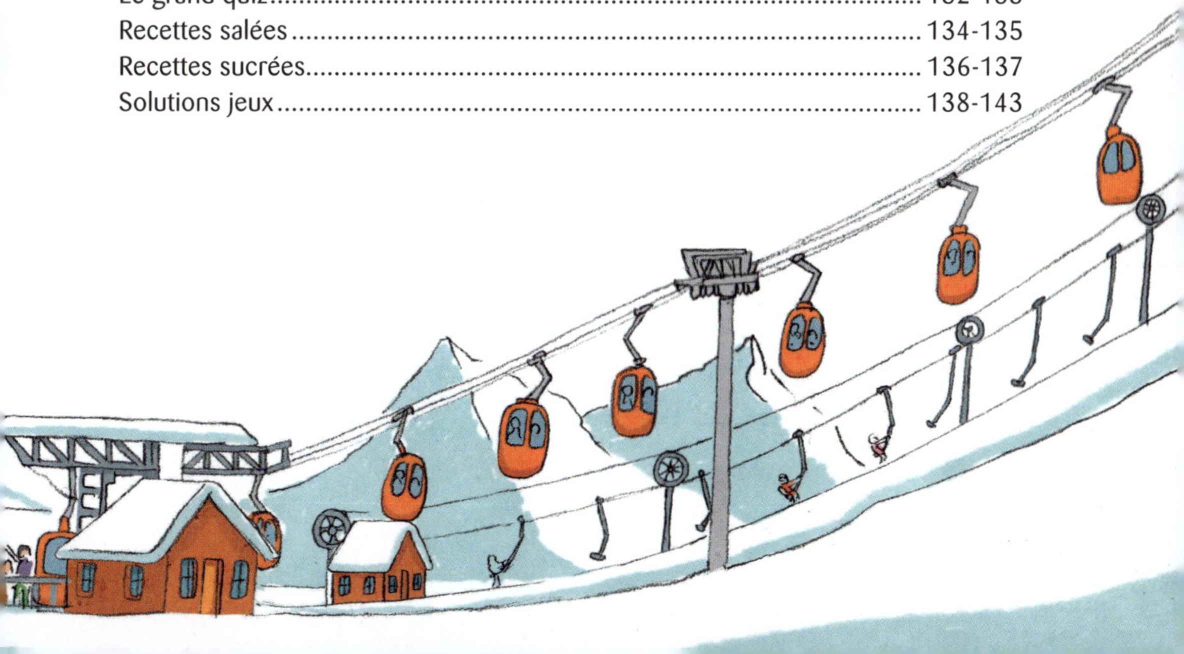

LES DISPARUS DE VALMONTAZ

ALERTE !

Il était 7 h 54 lorsque la sonnerie du téléphone retentit au central de la station de Valmontaz. Paul Devoise, le responsable du domaine, buvait le café avec les pisteurs. Ces derniers auraient déjà dû être en train d'inspecter les pistes, ou de faire sauter des explosifs pour déclencher des avalanches préventives. Mais impossible de travailler ce matin-là. À travers les vitres secouées par le vent, sur lesquelles crépitaient sans arrêt des flocons, les réverbères éclairaient un monde qui n'était plus qu'un gigantesque tourbillonnement blanc. Les dameuses elles-mêmes avaient dû rentrer en urgence : depuis le milieu de la nuit, sévissait une tempête de neige comme la station n'en avait pas connu depuis longtemps.

– Paul ? dit une voix précipitée. C'est Marcus. Il y a un gros pépin, je crois que Tom a fait une fugue ! Il n'était pas dans sa chambre, et là je suis au magasin, il manque un scooter…

Paul comprit immédiatement que la situation était sérieuse. Il connaissait Marcus Volpe depuis toujours : les deux hommes avaient à peu près le

même âge, et étaient issus de vieilles familles de la vallée.

– Désolé, répondit-il, on ne m'a rien signalé. Mais il n'y a pas de temps à perdre, je lance tout de suite l'alerte. Rejoins-nous au central, on est tous là !

Après avoir raccroché, Marcus inspecta pour la dixième fois le garage jouxtant le magasin de location de skis. Le scooter manquant était un

petit Yamaha, celui qu'il avait lui-même appris à conduire à son fils.
Il avait l'impression de devenir fou, passant et repassant en accéléré dans son esprit la soirée de la veille. Tom était allé se coucher comme d'habitude vers 22 heures. Juste avant, ils avaient encore parlé de la météo, qui annonçait en effet une très grosse neige, mais pas avant le début de matinée. Du coup, Tom avait promis à son père qu'ils feraient ensemble une séance de vidéo, en visionnant ses dernières courses pour préparer la prochaine compétition.
Mais ce matin à 7 h 30, en venant réveiller Tom, Marcus avait trouvé la chambre déserte, le lit même pas défait... Et quand il avait voulu l'appeler sur son portable, la sonnerie avait retenti dans la poche d'un jean roulé en boule sur le sol. C'était un cauchemar.
– Qu'est-ce qui se passe ? s'inquiétait d'une voix ensommeillée Léa, la petite sœur de Tom, qui n'avait que cinq ans.
– Rien du tout, ma puce, avait répondu Audrey, parvenant à sourire malgré son inquiétude. Viens, on va regarder un dessin animé pendant que Papa va... pendant que Papa et Tom vont faire quelque chose au magasin !

Devant la porte du garage, Marcus chercha vainement sur le sol des traces de chenille. Mais la neige fraîche ne formait plus qu'un tapis blanc uniforme, dans lequel il s'enfonçait jusqu'aux genoux. Il se mit en chemin en boitant. Son genou le faisait souffrir, mais il s'en moquait.

Une seule pensée occupait son esprit : il fallait retrouver Tom !

Cinq minutes plus tard, il s'engouffra à l'intérieur du central et interrogea Paul du regard, qui secoua la tête.

– Toujours rien, Marcus. À toi de nous dire ce que tu sais…

Devant l'équipe attentive, Marcus résuma brièvement la situation.

– Audrey et moi, on s'est couchés vers 23 heures. Le temps qu'on s'endorme, il n'a pas pu partir avant 23 h 30… Mais je ne peux pas croire qu'il ait fait une fugue. Ça n'a pas de sens !

– Il ne t'a rien dit ? Tu n'as rien remarqué d'anormal ?

Marcus écarta les mains en signe d'impuissance. Il semblait avoir vieilli de dix ans. Paul le saisit doucement par l'épaule, l'invitant à s'approcher du plan géant de la station affiché au mur.

– Restons calmes, dit-il. Il n'a pas pu aller loin, mais il faudrait au moins avoir une direction…

À cet instant, on frappa à la porte. Tous se retournèrent en même temps, espérant un miracle. Mais ce n'était pas Tom. C'était Charlotte Messager, la jeune femme qui avait repris depuis l'été la gérance d'une crêperie, *Le Chamois bleu*. Elle entra sans attendre qu'on lui ouvre, et lança d'une voix paniquée :

– C'est ma fille, Manon. Elle… elle a disparu !

Paul et Marcus échangèrent un regard.

– Mon fils Tom aussi, dit Marcus. Ils se connaissent, non ?

Il y eut un instant de flottement.

– Ça ne peut pas être une coïncidence, déclara Paul. J'appelle tout de suite les gars du PGHM.
– Le peloton de gendarmerie de haute montagne, souffla un pisteur à Charlotte.
Au-dehors, la tempête semblait redoubler d'ardeur. On distinguait à peine les télésièges secoués par le vent, pourtant tout proches…
– Le problème, poursuivit Paul, c'est qu'ils ne pourront pas sortir l'hélico : on ne prévoit pas d'accalmie avant le début d'après-midi !
Nul n'ajouta un mot, mais tous pensaient la même chose. Si les adolescents avaient été pris dans une avalanche, leur espérance de survie ne dépassait pas une heure.

TROIS MOIS PLUS TÔT

« Ce collège est déprimant… La sixième, c'est nul… Habiter une station de ski, c'est pathétique… »

Tandis que le minibus scolaire enchaînait les virages en remontant vers Valmontaz, ces joyeuses pensées tournaient en boucle dans la tête de Manon Messager, onze ans. Elle regardait d'un air morne le paysage alpin défiler à travers les vitres, tout en mordillant la mèche de cheveux roux qui s'était détachée de son chignon. Le soleil de fin d'après-midi éclairait d'une lumière rasante les massifs boisés, mélange de sapins vert sombre et de mélèzes qui commençaient à jaunir. Au-dessus, s'étendaient de vastes prairies d'altitude entrecoupées de pierriers d'éboulis. Et encore plus haut, culminaient les sommets pelés et grisâtres des montagnes.

Deux sièges devant elle, Tom Volpe, un petit brun au regard vif qui était en cinquième, parlait au téléphone avec son père. De compétitions de ski, entendit-elle malgré elle.

Tom était considéré comme le jeune prodige de Valmontaz. Manon

connaissait déjà par cœur son histoire : comment il avait appris à skier pratiquement avant de savoir marcher, qu'il avait obtenu l'hiver précédent le chamois de vermeil à onze ans à peine, avait raté l'or de très peu, et rêvait de rejoindre plus tard l'équipe de France junior, et bla bla bli et bla ba bla… Elle trouvait pour sa part qu'il avait une conversation à peu près aussi passionnante que celle des pompes à essence automatiques dans les supermarchés.

– Tu skies ? lui avait-il demandé dès leur première rencontre.

– Bien sûr, mais uniquement l'été, avait-elle répondu ironiquement.

En vérité, elle n'était jamais montée de sa vie sur une paire de planches. La blague ne l'avait pas fait rire. Il avait plutôt paru vexé.

– Tu peux rigoler, mais le ski, si on vise vraiment le top niveau, c'est un sport hyper rigoureux !

Tom n'était pas un frimeur, avait-elle compris aussitôt. Juste un fou de poudreuse, semblant ignorer complètement qu'il puisse exister autre chose dans la vie que la montagne et la glisse…

Quand le minibus s'arrêta devant l'office de tourisme, Manon descendit en marmonnant un vague « au revoir », et fila droit vers *Le Chamois bleu* sans regarder rien ni personne. Pourquoi étaient-ils partis de Paris ? Elle se souvenait très bien du jour où le ciel lui était tombé sur la tête.

– Manon, lui avaient annoncé ses parents avec un air grave, il faut qu'on discute. On a décidé de se séparer, et aussi de changer pas mal de choses…

Et donc, ces deux égoïstes avaient décidé de quitter tous les deux leur travail dans une agence de voyages de la région parisienne, pour prendre un « nouveau départ », comme ils disaient.

– On ne vivra peut-être plus ensemble, lui répétait son père, mais ça ne veut pas dire que je ne serai pas toujours là pour toi !

Tu parles. Ils avaient passé deux semaines de vacances ensemble, après

quoi il avait mis Manon dans un train comme un paquet, la veille de s'envoler lui-même vers le Sénégal pour partir gérer là-bas un centre de vacances. « On se parlera par Skype, et puis tu viendras me voir... »
À l'arrivée du train, Manon avait retrouvé sa mère dans une gare vieillotte, au pied de ces montagnes à la présence étouffante. Et depuis ce jour-là, elle faisait la tête. Elle était même devenue experte en la matière.
En arrivant dans la crêperie, elle fut assaillie par des odeurs de peinture. Charlotte avait entrepris de rafraîchir la salle, aidée de Pablo, le crêpier embauché pour la saison d'hiver.
– Tu aimes ce bleu ? demanda-t-elle en montrant fièrement la salle.
– Bof, répliqua Manon. Ça me donne mal au crâne, votre truc...
Elle fila se préparer un sandwich en cuisine.
– Je n'ai pas de devoirs, dit-elle, je vais me balader un moment !
Charlotte voulut répliquer quelque chose, mais se contenta de pousser un gros soupir.

Manon glissa dans son sac à dos un livre entamé et une tablette de chocolat. Puis elle alla chercher celui qu'elle considérait comme son seul véritable ami. Son VTT, un modèle super classe à 12 vitesses...
Elle se mit à pédaler comme une folle, dévalant d'abord la rue principale de la station, avec son enfilade d'immeubles modernes déguisés en faux chalets rustiques. Après avoir passé les derniers bâtiments, elle quitta la route goudronnée pour rejoindre un chemin qui montait

d'abord assez sec, puis s'aplanissait en longeant une forêt de sapins, et redescendait en serpentant vers une petite vallée discrète.

Après un bon quart d'heure de course à vive allure, elle rejoignit enfin son refuge secret, niché au cœur d'un bosquet : une vieille cabane de berger en pierre, depuis longtemps abandonnée. Elle l'avait découverte par hasard, au cours d'une de ses premières balades. Manon s'arrêta, ivre de silence et de liberté. Très haut au-dessus d'elle, sur les prairies, elle entendait des marmottes pousser des cris aigus, alertant leurs semblables d'un quelconque danger.

Elle s'assit sur une vieille couverture apportée la fois précédente et ouvrit son livre avec un soupir de bonheur en croquant un carré de chocolat. À cet endroit et à cet instant précis, elle se sentait redevenir la vraie Manon, pas la sale gamine qui faisait tourner sa mère en bourrique. Dommage, il n'y avait personne pour la voir !

TOM

Tom venait à peine de raccrocher quand le minibus arriva à Valmontaz. Il descendit derrière Manon, et la regarda s'éloigner à grandes enjambées élastiques. « Un peu givrée, la Parisienne ! » pensa-t-il vaguement. Dommage, pour une fois que quelqu'un de son âge venait vivre à l'année à la station. Mais cela n'avait au fond guère d'importance... Comme prévu, il fila directement au magasin.

– Ah, voilà mon champion ! lui lança affectueusement Marcus. Pose tes affaires, on va régler les fixations.

Le lendemain, samedi matin, ils devaient se lever à cinq heures pour se rendre à une compétition de slalom organisée sur le glacier de Tignes. Ce serait la toute dernière à laquelle Tom participerait dans la catégorie poussins ou « Under 12 » : il allait avoir douze ans en janvier, et pourrait intégrer les benjamins en « U 14 ». Enfin, les choses sérieuses commenceraient...

Tom délaça ses baskets, et enfila une paire de chaussettes épaisses avant de glisser les pieds dans ses chaussures de ski. Il enclencha une

chaussure sur la fixation, et en appui genou fléchi, fit une vive rotation du pied pour faire pivoter la butée avant. Puis une fois l'ensemble remis en place, il mit sa jambe en extension, jusqu'à déclencher l'ouverture de la talonnière.

– C'est ce que je pensais, dit Marcus. Je vais te les régler en 4-12, que tu puisses être agressif sur tes skis mais sans prendre trop de risques quand même...

Tom acquiesça en silence, fatigué par sa journée au collège, se laissant porter par le perfectionnisme de son père.

– Pour les skis, ajouta ce dernier, Charlie va te les préparer avec la Super Wax, tu l'avais trouvée bien à L'Alpe-d'Huez.

Plus âgé que Marcus, et chauve comme un œuf, Charlie était le plus ancien employé du magasin. C'était un excellent « skiman », réputé pour ses conseils et capable de réparer n'importe quel matériel, ce qui ne l'empêchait pas de gérer en même temps une ferme de vaches laitières. Comme la plupart des habitants de la station, il avait deux métiers, car la saison d'hiver seule n'aurait pas suffi à le faire vivre.

Jackie Volpe, le grand-père de Tom, avait lui aussi commencé sa vie comme agriculteur. Mais dès la mise en chantier de la station, au début des années 1970, il avait décidé de tout miser sur le tourisme, en vendant sa ferme pour investir dans un hôtel et dans le magasin. « Ski Shop, depuis 1973 » proclamait fièrement l'enseigne fraîchement repeinte. Quelques années plus tôt, Jackie avait revendu l'hôtel et confié la boutique à Marcus, qui avait su depuis faire fructifier le commerce.

Pour remettre ses baskets, Tom s'appuya sur une énorme pile de cartons remplis de skis neufs qui attendaient d'être déballés. La location avait le vent en poupe, et son père avait décidé de renouveler 70 % de son matériel, au lieu des 50 % habituels. Il avait aussi décidé d'agrandir la partie boutique, qui proposait un tas de vêtements et d'accessoires.
Charlie s'empara de la paire de skis de Tom, et passa derrière le comptoir de l'atelier pour les préparer. Coinçant tour à tour chaque ski dans l'étau, avec de larges mouvements précis, il commença par bien limer les carres d'acier qui devaient être affûtées comme des lames.
Marcus, lui, sortit du magasin et partit travailler dans le garage, rempli de scooters des neiges, de luges et d'autres engins destinés à la location.
Livré à lui-même, Tom alla s'asseoir derrière le comptoir, et sortit ses cahiers pour prendre de l'avance sur ses devoirs du week-end. Seul le petit bruit des outils troublait le silence.
Bientôt, une odeur de cire chaude lui effleura les narines. Avec une sorte de fer à repasser, Charlie chauffait un bâton de couleur jaune, faisant tomber de grosses gouttes sur toute la longueur de la semelle du ski. Il passa ensuite le fer sur l'ensemble de la surface, en faisant de petits mouvements circulaires pour bien répartir la cire. Puis il laissa refroidir, avant d'enlever l'excédent avec un racloir, et de terminer

par un minutieux brossage en deux phases, pour polir la semelle et maximiser la glisse.

– Voilà bonhomme, dit-il au bout d'un moment, tes skis sont prêts !

Puis il ajouta, un brin nostalgique :

– Ça me rappelle mes débuts quand j'aidais ton père à préparer les siens. On avait du matériel bien moins perfectionné à l'époque…

Avant la naissance de Tom, Marcus aussi avait été un jeune espoir du ski. Jusqu'au jour où il avait raté un virage, avant de venir heurter une barrière de plein fouet. Il avait fallu trois opérations pour le remettre sur pied, mais sa jambe droite mesurait désormais deux centimètres de moins que l'autre. Adieu, le ski…

Justement, Marcus revenait du garage, en boitant imperceptiblement.

– Tout est prêt ? fit-il en souriant. Demain, tu vas tous les éclater !

– Oui, je vais les éclater, répéta Tom un peu machinalement, en remballant ses affaires dans son sac.

Charlie le regarda, et sembla sur le point d'ajouter quelque chose, mais il se ravisa, et conclut simplement :

– Bon, eh bien moi, je vous laisse. J'ai dix vaches à traire, et elles détestent que je sois en retard !

PREMIÈRE NEIGE

Tom ne remporta pas la compétition, mais il arriva second de sa catégorie, juste derrière un autre petit prodige d'une vallée voisine. Il monta sur le podium, reçut une nouvelle coupe pour ses étagères, et eut droit à sa photo dans le journal local. Autant dire la gloire pour les autres élèves du collège. Manon trouvait tout ce cinéma un peu soûlant. Dans le minibus, elle prit l'habitude de porter en permanence un casque sur les oreilles, en gardant les yeux rivés sur le paysage.

À Valmontaz, la première neige tomba le 22 novembre. En quelques heures, Manon vit le décor se métamorphoser. Comme par magie, les pentes herbeuses de l'été, aux formes trop régulières, se changeaient en parfaites pistes de ski ! Avec étonnement, les jours suivants, elle constata aussi que la neige n'était pas seulement un cadeau du ciel, mais un matériau qui pouvait se fabriquer, comme la crème Chantilly. Chaque nuit, dès qu'il faisait assez froid, les dizaines de canons à neige fonctionnaient à plein régime, avant que la neige ne soit tassée par des dameuses pour former une sous-couche épaisse.

Dans le même temps, toute la station s'activait pour préparer la nouvelle saison. On faisait tourner les remontées mécaniques à vide, pour effectuer les tests, et le personnel saisonnier commençait à arriver dans une ambiance affairée et joyeuse. Le dernier samedi de novembre, on décida d'ouvrir quelques pistes, pour une journée d'avant-première.
Au Chamois bleu, Pablo avait pris possession de la cuisine, tandis que Charlotte assurait le service avec bonne humeur, appelant déjà presque tout le monde par son prénom. Une des personnes que préférait Manon était Chris, le responsable du snowpark, un grand type bronzé aux yeux d'un bleu très vif.
– Manon, lui lança-t-il le vendredi soir en plaisantant, j'aurais besoin d'un débutant pour tester un nouveau moniteur. Tu crois que tu pourrais tenir debout sur une planche ?
Manon surprit sa mère en train de lever les yeux au ciel, et choisit donc de répondre exactement l'inverse de ce qu'on attendait d'elle.
– Chiche !

Elle avait déjà fait du skate, et une fois aussi du surf lors de vacances en Vendée. Pourtant, Manon n'en menait vraiment pas large quand elle se retrouva avec des boots aux pieds, grimpée sur une planche de snowboard aux couleurs vives.
– Cool, lui souffla Chris en souriant. C'est le seul truc à retenir. Tu y vas cool et décontractée, avec les genoux et tout le corps bien souples…

Je te laisse entre de bonnes mains, je dois m'occuper du snowpark.
Pendant près de trois heures, le moniteur, Mika, un jeune très sympa, lui expliqua avec patience les principes de base, la façon de tourner en commençant par les épaules, puis la rotation bien franche du bassin, en prenant un bon appui sur la jambe arrière…
Manon commença par s'entraîner en faisant de timides arcs de cercle. Au premier virage, elle tomba en arrière, les fesses dans la neige.

La seconde fois, elle tomba aussi. Puis encore la troisième. Au quatrième essai, enfin, elle commença à saisir comment il fallait s'y prendre. Elle ne retomba plus ensuite qu'au dixième virage, et réussit même à descendre une petite piste sans chuter. Elle commençait surtout à s'amuser comme une folle !

Vers le milieu de l'après-midi, Chris réapparut.

– Je te regardais de loin, tu te débrouilles pas mal… Je suis sûr que ça te plairait de faire du slope ! D'ailleurs, la prochaine fois, tu pourras tenter un kicker, en décollant sur une bosse…

Manon était ébahie par ce jargon nouveau. Elle trouvait aussi un peu bizarre ce soudain intérêt pour sa petite personne. Et si tout cela avait été manigancé par sa mère ? Oh, et puis après tout, quelle importance ?

Après avoir remercié Chris et Mika, et avant d'aller rendre le matériel, elle décida de descendre une dernière petite piste. En confiance, elle tenta cette fois-ci d'aller un peu plus vite, en faisant des virages plus serrés. Elle était hyper concentrée, quand soudain, elle entendit en amont un hurlement de bête sauvage qui semblait foncer droit sur elle.

– Waaaaaaa !

Paniquée, Manon se laissa tomber en arrière. Tom la dépassa comme une flèche. Il avait aux pieds une paire de skis de compétition, et lui fit un petit coucou ironique de la main en s'arrêtant un peu plus bas.

– Pauvre débile ! lui cria-t-elle, encore tremblante d'émotion. Tu te crois malin avec tes médailles ?…

Tom se raidit sous l'insulte. Il lui lança un regard noir, puis fila vers le télésiège. Si la température ambiante avait été aussi glaciale que la relation entre les deux ados, c'est sûr, on aurait pu faire tourner les canons à neige en plein midi !

TOMBÉ DU CIEL

– Deux complètes et une savoyarde pour la 4 ! On enlève ! s'écria Pablo.

Charlotte s'empara des assiettes pour aller servir une tablée de vacanciers affamés. La crêperie était pleine à craquer. C'était le début des vacances de Noël, et la saison démarrait plutôt bien. Une dizaine de jours plus tôt, il était même tombé en abondance une belle poudreuse, qui avait permis d'ouvrir toutes les pistes de Valmontaz dans les meilleures conditions…

Manon essuyait des verres derrière le comptoir, après avoir englouti deux galettes, épuisée par sa longue séance de snowboard de la matinée. Chris avait raison : elle était devenue accro. Sa planche aux pieds, elle se sentait chaque jour plus à l'aise, et essayait déjà ses premières figures !

– Pose-moi ce torchon, dit Charlotte, on s'occupera de ça après le service. Profite plutôt de tes vacances. Tu retournes au snowpark ?

– Non, il y a trop de monde, répondit Manon. Je vais plutôt faire un tour en raquettes, et puis je rentrerai bouquiner…

– En raquettes ? Toute seule ?

– T'inquiète pas, je resterai sur les chemins.

– D'accord, répliqua Charlotte. Je te fais confiance. D'ailleurs, je voulais te dire… Tu sembles aller mieux, je suis contente !
Manon haussa les épaules. Puis elle fila à l'appartement pour y chercher son sac et ses raquettes. En fait, elle avait menti à sa mère : elle avait prévu d'aller retrouver son repaire secret, où elle n'était pas retournée depuis l'arrivée de la neige.
En vraie ex-parisienne, Manon eut parfois presque du mal à retrouver son chemin, tant l'arrivée de l'hiver avait modifié le décor. Elle dut marcher presque une heure, la neige crissant sous ses pas, avant d'arriver en vue du bosquet de sapins. Aucun chemin de randonnée ne passait à proximité, et sur la dernière partie du trajet, il n'y avait plus aucune trace humaine. Personne n'était donc passé là depuis au moins dix jours… Même les amateurs de ski de randonnée ignoraient cette petite vallée, sans doute trop encaissée.
Soudain, alors qu'elle approchait de la cabane, elle vit une ombre filer sur la neige. En même temps, un bruissement d'ailes se fit entendre, tout proche au-dessus de sa tête. Un aigle ! Manon vit le rapace la dépasser, puis avec un soubresaut, laisser choir une masse sombre au-dessus des sapins. Il se mit alors à pousser des cris rauques et furieux, en tentant de se rapprocher du sol. Mais il avait du mal à se frayer un chemin entre les arbres, et la présence humaine l'effrayait. Il finit par s'éloigner en continuant à crier de dépit. Manon se précipita alors vers les sapins.
C'était un chien ! Un jeune chiot qui semblait terrorisé… Par chance, sa

chute avait été amortie par les branches. Manon remarqua aussitôt les gouttes de sang qui maculaient la neige autour de l'animal. Il était blessé, et gémissait faiblement. Avec prudence, elle se pencha, puis le prit dans ses bras. Il tremblait de tous ses membres, mais il ne semblait rien avoir de cassé. Le sang, elle le vérifia rapidement, venait d'une petite blessure sur le flanc, là sans doute où les serres du rapace l'avaient griffé.

– Tu as eu de la chance dans ton malheur, murmura Manon en le réchauffant contre elle. Ne t'inquiète pas, l'aigle est parti…

Elle s'assit sur un rocher devant la cabane, en posant le chiot sur ses genoux. Il ne portait pas de collier, et aucun tatouage dans l'oreille. Mais il avait vraiment une bonne tête, avec son museau pointu, ses oreilles bien dressées cernées d'un filet noir, et au-dessus de chaque œil, une zone blanche qui soulignait son regard pâle, un peu comme un husky, un…

En un éclair, Manon comprit. Ce n'était pas un chiot : c'était un louveteau !

Comme s'il avait saisi le changement, l'animal se mit soudain à montrer les crocs, effrayé. Mais il était à bout de forces, et enfouit en gémissant son museau entre ses pattes.

Sans trop réfléchir, Manon le porta à l'intérieur de la cabane, où elle l'allongea sur la vieille couverture pliée qui formait un coussin plutôt confortable. Une fois pelotonné dessus, il sembla se détendre. Avec sa fourrure épaisse, il ne souffrirait pas trop du froid : c'était déjà un

problème de réglé. Elle sortit alors de son sac un sandwich, dont il dévora avidement la tranche de jambon enrobée de beurre. Bon, les choses commençaient décidément à aller mieux…

Les pensées se bousculaient dans la tête de Manon. Elle décida finalement de ne pas s'attarder, car la situation pouvait devenir dangereuse. Le louveteau était encore trop jeune pour vivre seul : il faisait forcément partie d'une portée, et sa mère devait être partie à sa recherche…

– J'essaierai de revenir demain, lui dit Manon. Mais tu ne seras sans doute plus là… alors je te souhaite bonne chance !

Après lui avoir fait une dernière caresse, elle se releva, remit ses raquettes, et s'en alla sans se retourner, pour ne pas être tentée de revenir le chercher. Non et non, se répétait-elle, c'est un animal sauvage, qui n'aurait rien à faire avec les hommes…

LOULOU

« Louveteau abandonné ». « Loup Alpes ». « Apprivoiser loup »... Toute la soirée, seule à l'appartement, Manon fureta sur Internet pour y glaner des informations. En soupirant régulièrement quand elle tombait sur un site de louveteaux scouts !

Peu à peu, elle parvint à dresser une sorte de portrait-robot du rescapé des airs. Né en juillet au plus tard, le jeune « louvard » avait donc à peu près cinq mois. Il ne savait pas encore chasser, et vivait bien dans une tanière, avec sans doute des frères et sœurs, où leur mère les nourrissait de viande qu'elle régurgitait en revenant de ses expéditions...

Normalement, le loup ne craignait aucun prédateur, mais Manon lut pourtant qu'un aigle affamé pouvait attaquer de jeunes carnivores. Elle avait donc été témoin d'un fait très rare ! Pourtant, même si elle en brûlait d'envie, elle n'osa pas en souffler mot à sa mère quand elle entendit celle-ci rentrer de la crêperie. Elle finit par s'endormir très tard, après s'être tournée et retournée dans son lit...

Le lendemain matin, Manon mentit encore à sa mère. Après le petit déjeuner, elle attendit le départ de celle-ci pour filer à la supérette de la station, où elle acheta avec son argent de poche deux steaks hachés et un paquet de croquettes pour chien. Une bonne heure plus tard, elle était de retour dans la cabane.

Surprise ! Le louveteau était là, endormi sur la couverture. Il se réveilla à l'arrivée de Manon, et se mit à gronder, la queue rabattue entre les pattes. Il semblait avoir plutôt bien récupéré de sa blessure. Calmement, Manon déballa l'emballage d'un steak et s'accroupit pour lui en tendre un morceau.

– Loulou ! Viens manger ! dit-elle doucement.

Le louveteau hésita un moment, puis s'approcha à petits pas méfiants, jusqu'à saisir enfin la viande qu'il avala goulûment. Manon recommença le manège plusieurs fois, jusqu'à ce que l'animal semble un peu plus en confiance. Elle tira ensuite de son sac un vieux bol chipé dans la cuisine, et le remplit avec une bouteille d'eau minérale.

– Tu vois, j'ai pensé à tout !

Le louveteau se décida à venir laper quelques gorgées. Manon n'osa pas essayer de le caresser à nouveau. Elle craignait de se faire mordre, et aussi de le marquer avec son odeur. Sa mère finirait bien par le retrouver, pensait-elle. Mais en même temps, il ne pouvait pas rester là indéfiniment…

– Demain, lui dit-elle, je viendrai avec mon gros sac de sport, et si tu es toujours là, je t'emmène ! On trouvera bien une solution pour s'occuper de toi !

Elle posa un tas de croquettes sur une pierre plate, avec le second steak coupé en morceaux, puis se dépêcha de remettre ses raquettes. Il fallait vite rentrer à présent, pour ne pas éveiller de soupçons…

De retour à la station, Manon fila directement vers le snowpark. Chris et Mika l'accueillirent avec de grands sourires.

– Ben alors, on t'a attendue ce matin !

– J'ai fait la grasse mat', mentit Manon. Je prenais des forces, parce qu'aujourd'hui, je vais réussir mon premier 360 frontside !

Chris poussa un sifflement admiratif.

– Toi, tu n'as pas froid aux yeux ! OK, mais d'abord, tu fais un bon échauffement : du jump, un peu de slide, et deux ou trois 180 pour la route… Tu enfiles ça aussi, pour ne pas prendre de risques, ajouta-t-il en lui tendant une protection dorsale.

En clair, Chris lui demandait de sauter, de glisser avec sa planche, et d'effectuer d'abord quelques sauts avec une rotation de 180 degrés. Elle commençait à bien maîtriser le jargon, et surtout les gestes… En quelques semaines, Manon était devenue la chouchoute du snowpark. Elle avait un bon sens de l'équilibre, et ne rechignait jamais à recommencer une figure, jusqu'à la réussir. Bien sûr, elle n'était encore qu'une débutante, et collectionnait les chutes. Mais elle se donnait à fond, et tout le monde l'appréciait…

Mika la regarda faire sa première descente, sur un parcours bleu, enfilant trois barres de slide d'affilée. Pas de doute, elle apprenait vite ! Puis au bout d'un moment, il la vit se diriger vers le kick rouge, juste à la bonne allure, pour décoller bien haut. Une fois en l'air, Manon fit pivoter la planche d'un tour complet, et hop, atterrit en souplesse en continuant sa course. Bingo !

Après avoir réussi son exploit, elle vint boire un chocolat chaud à la cabane. Elle remarqua alors que Tom était là aussi. Il avait chaussé des skis larges, et enchaînait les figures avec aisance. Sur le grand kick, le noir, elle le vit même réussir sans forcer un 720 backside !

– Je ne savais pas qu'il faisait du freestyle, dit-elle à Chris.

– Il adore ça, mais c'est son père qui n'aime pas. Il a peur qu'il se blesse. Tiens, en parlant du loup…

Cette réflexion troubla Manon, tandis qu'elle apercevait Marcus qui faisait de grands signes énervés à Tom. L'adolescent, la figure maussade, se dirigea vers la sortie du snowpark. Sur le chemin, il passa près de Manon, et tous deux échangèrent un regard. Elle lui fit une petite grimace désolée, en levant les paumes. Il hocha la tête. Vu l'état de leurs relations, cette complicité était un vrai miracle.

– Au fait, dit Mika, demain, tu peux aussi prévoir de rester au lit…

– Pourquoi ?

– Tu n'es pas au courant ? Ils prévoient une tempête de neige à partir de cette nuit.

– Hein ? sursauta Manon. Oh nooon !

LARMES

Manon vit arriver la neige en milieu de soirée. Une heure plus tard, elle atteignait déjà dix centimètres. Quand elle se coucha, l'épaisseur avait doublé, et les flocons tombaient si dru qu'elle distinguait à peine la lumière du réverbère au-dehors.
Elle n'avait qu'une pensée. Loulou ! Le petit louveteau, blotti dans la cabane, dont l'entrée devait désormais être bloquée par la neige. Même si sa mère le cherchait, elle n'aurait aucune chance de le retrouver ! Manon se serait giflée de ne pas avoir écouté plus tôt la météo. Stupide qu'elle était : il aurait fallu le ramener le jour même ! Elle se consola un

peu, en pensant au paquet de croquettes qu'elle avait laissé dans la cabane. Il réussirait sûrement à le déchirer, et aurait de quoi manger deux ou trois jours. À condition que l'odeur de la nourriture n'ait pas attiré d'autres animaux… Et si, au contraire, elle l'avait mis en danger ?

Cette nuit-là, elle fit des rêves agités, et se réveilla en sursaut, haletante. Une lueur laiteuse baignait sa chambre. Accumulée sur le rebord de la fenêtre, la neige atteignait presque la moitié de la hauteur des vitres.

Elle s'habilla en vitesse. Charlotte, dans la cuisine, préparait le petit déjeuner.

– Tu as vu ça, s'exclama-t-elle, c'est fou ! Il paraît que la route de la station est coupée, même les chasse-neige sont bloqués. Comme si on se retrouvait sur une île, flottant au-dessus du monde…

– Mmpff, grogna Manon.

– Oh, tu n'as pas l'air dans ton assiette, toi…

– Si si, ça va, mentit l'adolescente.

Un instant, elle fut à nouveau tentée de partager son inquiétude et de tout révéler à sa mère. Mais elle se retint de le faire. Charlotte avait déjà assez de soucis avec la crêperie, et puis elle n'aurait sûrement pas apprécié que Manon soit partie seule en pleine nature, s'occuper d'un louveteau !

– Dire qu'on devait être livrés ce matin, soupira Charlotte. Tant pis, je vais filer à la supérette pour me dépanner…

– Je viens avec toi !

Manon n'avait aucune envie de rester seule à l'appartement. Après avoir aidé Charlotte à porter des packs de lait, de la farine et des œufs, elle s'installa pour bouquiner sur une banquette du *Chamois bleu*.
La neige avait cessé, mais il était tombé plus de 50 cm, un record pour une seule journée. Et on prévoyait encore de nouvelles chutes, peut-être encore plus importantes, à partir du lendemain…
Vers dix heures, l'un des premiers clients fut Émile, un vieux montagnard qui commanda un café et une crêpe au sucre.
– Regardez-moi cette pagaille, rigolait-il, et tout le monde qui panique… Mais ce n'est rien du tout, ça ! Quand j'étais gosse, on restait parfois des semaines, coupés du reste du monde. Ah ça, fallait pas avoir peur ! Et du temps des anciens, si quelqu'un mourait en hiver, on pouvait même pas l'enterrer : on mettait son corps sur le toit jusqu'au printemps !
Le vieil homme radotait un peu : Manon avait déjà entendu au moins trois fois l'anecdote. Mais ce matin-là, cela lui mit le moral à zéro. Elle imaginait déjà le petit loup, tout raide et froid…
– Je file au snowpark, dit-elle à sa mère. Je vais voir s'ils ont besoin d'un coup de main.
Dans les rues de Valmontaz, beaucoup s'activaient avec leurs pelles à neige, dégageant les trottoirs et les voitures. Manon marcha un petit moment sans but. Elle avait envie de pleurer. En fait, elle devait même pleurer pour de bon, car elle entendit soudain :
– Ça ne va pas, Manon ?

Elle sursauta. Tout à ses pensées, elle n'avait pas vu arriver Tom, qui la regardait avec étonnement. Elle devait vraiment avoir une sale tête, pensa-t-elle. Elle eut envie de s'enfuir sans répondre, mais ce fut lui, bizarrement, qui semblait le plus embarrassé.

– Au fait, dit-il, je t'ai vue skier au snowpark. Tu te défends pas mal…

Il s'arrêta là, en se demandant bien pourquoi il éprouvait le besoin de faire un compliment à cette fille. Surtout que Manon le fixait à présent avec une expression bizarre.

– Tu as déjà vu un loup ? lui demanda-t-elle. Je veux dire, un vrai loup…

Et là, sans savoir pourquoi, elle se mit à tout lui raconter, la cabane, le louveteau, la neige… Les mots sortaient tout seuls.

– Tu comprends, dit-elle, si je l'abandonne, il va mourir !

Comme Tom restait planté là, elle haussa les épaules.

– Oh, et puis je ne sais pas pourquoi je te raconte ça. Tu ne peux pas comprendre ! Ce n'est même pas de ta faute, tu ne penses qu'à ton ski, et à ce qu'on te dit de faire…

Tom sentit la colère monter brusquement en lui. Il aurait eu envie de lui clouer le bec par une réflexion bien sentie. Mais en même temps, sans le savoir, elle avait touché un point sensible. Après tout, il n'allait pas toujours passer sa vie à obéir sagement à son père…

– Ça va, grogna-t-il soudain. Il y a peut-être un moyen de s'en occuper, de ta bestiole, mais je te préviens, il va falloir jouer serré !

IMPRUDENCE

– Par ici ! Dépêche-toi ! Chut !

Tom avait l'air stressé. Il était presque minuit, et comme prévu, les deux adolescents venaient de se retrouver devant le « Ski Shop ». Arrivé en avance, il avait déjà sorti du garage un petit scooter Yamaha de 250 cm^3, celui qui serait le plus discret...

Si Manon était arrivée cinq minutes plus tard, Tom aurait sans doute tout laissé tomber. Depuis un bon moment déjà, il se demandait s'il n'était pas en train de faire une folie. Jamais il n'avait ainsi désobéi à son père ! C'est en tremblant qu'il avait fouillé dans le tiroir de la commode du couloir, où Marcus conservait un double des clés du magasin, avant de se faufiler sans un bruit hors du chalet familial. Ses parents se couchaient tôt, et avaient un bon sommeil, il n'y avait pas de risques de ce côté-là.

Mais quand Manon arriva, son gros sac de sport vide sous le bras, elle le regarda avec une admiration sincère.

– Tu sais, je te remercie vraiment pour ce que tu fais pour moi. C'est hyper courageux !

À cet instant, Tom ne fut pas loin de se prendre pour un héros. Et non, finalement, il ne trouvait pas si délirant que ça de partir en cachette chercher un petit loup dans une cabane. De toute façon, en scooter, il y en aurait pour vingt minutes aller-retour…

– Comment tu vas expliquer ça à ta mère ? dit-il en lui tendant un casque.

– Je serai rentrée bien avant elle, répondit Manon. Je lui dirai que j'ai vu rôder le louveteau par la fenêtre, que je l'ai pris pour un chiot abandonné, et que je suis allé le chercher. Elle me croira, ne t'inquiète pas !

Tom débraya la chenille, et poussa le scooter sur une cinquantaine de mètres pour l'éloigner du garage. C'était un modèle assez léger, qu'il avait déjà souvent conduit. Très tôt, Marcus lui avait donné des leçons en cachette, quand ils partaient tous deux se balader en pleine nature. Une fois monté sur la selle, Tom aida Manon à se caler derrière lui. Il démarra en souplesse. Le bruit du moteur n'était pas trop fort, et à cette heure-là, ce n'était pas inhabituel d'entendre circuler des motoneiges. En roulant prudemment, Tom s'éloigna de la station, longeant d'abord la route pendant un moment, avant d'obliquer le long d'un chemin de randonnée. La couche de neige brouillait un peu les repères, mais il connaissait les lieux comme sa poche. Pour rejoindre la petite vallée, il avait pensé couper à travers un raidillon, mais il en fut empêché par un mur de neige compacte.

– Ce n'est pas grave, dit-il à Manon. On va passer par le haut, le chemin que tu prends l'été à vélo…

Elle acquiesça, tout en admirant le paysage nocturne. Les phares du scooter trouaient la nuit et faisaient scintiller la neige brillante. Soudain, il commença à tomber quelques flocons.

– Accroche-toi, j'accélère, lui dit-il. Ici, personne ne peut plus nous entendre…

Manon hésita, puis elle enserra de ses deux bras la taille de Tom. Celui-ci accéléra encore, et l'engin bondit docilement en avant. Dans la poudreuse, les deux miniskis de l'avant avalaient la neige à toute allure. L'instant était grisant. Mais la neige devenait plus dense, et le vent qui s'était levé la faisait tourbillonner en rafales. Heureusement, Manon apercevait déjà au loin le bosquet de sapins où se nichait la cabane…

Soudain, le monde bascula. Tom eut le temps d'apercevoir une grosse bosse sous la neige, droit devant, puis le guidon se cabra, et le scooter décolla dans un rugissement de moteur emballé. Manon hurla, juste avant le choc qui la projeta violemment sur le sol. Sonnée, elle mit quelques secondes à reprendre ses esprits. Le moteur du scooter s'était arrêté, et le phare s'était brisé. Elle ne voyait plus rien, avait de la neige plein la bouche… Prudemment, elle bougea ses jambes, puis ses bras. Rien ne lui faisait trop mal. En revanche, elle entendit Tom gémir.

– Ma cheville ! J'ai senti un gros craquement ! Je ne peux plus la bouger !

Manon se releva. La neige qui tombait de plus en plus dru lui cinglait le visage comme des milliers de petites aiguilles.

– T'inquiète pas, lui dit-elle, d'une voix qu'elle espérait la plus ferme possible.

Elle fouilla son sac à dos, en sortit une petite lampe de poche. Elle éclaira Tom, qui grimaçait de douleur. Le scooter, renversé sur le sol, avait un ski brisé.

– Il ne faut pas rester là, dit-elle. Tu peux te relever ou pas ?

Elle lui tendit la main. Tom s'y accrocha, mais retomba dans la neige avec un cri de douleur.

– Elle est cassée, je te dis ! Elle est foutue ! Ma carrière aussi est foutue ! se mit-il à gémir.

Manon s'efforça de ne pas céder elle aussi à la panique. Elle alla chercher le grand sac de sport, l'aplatit et le posa sur la neige, pour faire une sorte de luge improvisée.

– Pose-toi dessus, dit-elle. Je vais te tirer… On n'est vraiment pas loin, on va y arriver !

Il leur fallut pourtant un temps interminable pour franchir la distance. Manon, trempée et claquant des dents, aplanissait la neige aussi bien qu'elle pouvait avant de tirer le sac à deux mains. Tom, s'aidant de sa seule jambe valide, rampait sur le côté…

Quand ils furent sous les sapins, elle se sentit déjà un peu soulagée.

– Un dernier effort, dit-elle. On y est presque !

Tandis qu'ils approchaient, un jappement craintif se fit entendre dans la cabane, et le faisceau de la lampe fit bientôt briller une paire de petits yeux.

– Je te présente Loulou, annonça-t-elle à Tom, avec une grimace désolée.

NAUFRAGÉS

– Tu crois qu'ils nous cherchent déjà ?

– J'en suis sûr ! Et je préfère ne pas imaginer la tête de mon père…

Depuis leur arrivée dans la cabane, dix heures plus tôt, Tom et Manon étaient passés par toutes les étapes du cauchemar. La panique d'abord, quand Tom, une fois allongé sur un tapis d'aiguilles de sapin, avait osé relever le bas de son pantalon. Chaque geste le faisait gémir de douleur. À la lumière de la lampe torche, la blessure à sa cheville n'était pas belle à voir. Toute gonflée, couverte d'une ecchymose qui commençait à noircir…

– Quel crétin je suis de ne pas avoir pris mon téléphone ! fuminait-il. Et tout ça pour quoi ? Une folle et un louveteau !

– Je suis désolée, répétait Manon. Vraiment désolée ! Je ne sais pas quoi dire, tout est de ma faute ! Je suis désolée…

– Déjà dit ! grommelait Tom.

Pelotonné à l'autre bout de la cabane, le louveteau lui-même n'avait pas l'air si vaillant. Le poil ébouriffé, les oreilles aplaties, il se tassait sur

lui-même, petite créature désemparée et tremblante…

Puis Manon s'était ressaisie. Elle n'allait pas rester sans rien faire ! Ils n'étaient quand même pas perdus : même sans raquettes, elle pourrait rejoindre la station en une heure… Mais Tom s'y était violemment opposé. La tempête de neige rugissait au-dehors, le risque était trop grand.

– Tu ne connais rien à la montagne, avait-il sèchement répliqué. L'an dernier encore, deux touristes sont morts pas loin, dans un endroit apparemment sans danger… Et moi, je veux que tu restes en vie, pour pouvoir te maudire jusqu'à la fin de mes jours !

Après ça, il y avait eu un long moment d'attente. Par chance, la température dans la cabane n'était pas glaciale, la couche de neige au-dessus formant comme un igloo. Il restait la moitié de la bouteille d'eau, et Manon avait dans son sac deux barres de céréales. Ils en partagèrent une en silence, puis chacun somnola comme il pouvait.
Vers huit heures, apparurent les premières lueurs de l'aube. Avec la neige qui tourbillonnait, on ne voyait pas à vingt mètres.
– Si seulement ça pouvait s'arrêter, soupira Tom.
Les recherches, il le comprit, allaient être compliquées. Il essaya de se relever, se laissa retomber en grimaçant.
Manon se précipita pour l'aider, lui serra le bras.
– On va se sortir de là ! dit-elle.
Inquiet, le louveteau se mit à grogner, mais c'était plus de la peur que de l'agressivité. Manon lui parla doucement.
– N'aie pas peur, Loulou, on est là…
Le petit animal se laissa cette fois approcher, et vint même frotter son museau contre la paume de Manon. À la préhistoire, songea-t-elle, la domestication du chien avait dû commencer comme ça…
Tom et elle passèrent les heures suivantes à discuter, de tout et de rien d'abord, pour passer le temps. Puis, bien au-delà de leurs différences ou de leurs colères, ils se racontèrent leur vie, leur famille, leurs rêves… Eux qui avaient cru n'avoir rien à se dire ! Ils venaient de partager la dernière barre de céréales, arrosée de la dernière

gorgée d'eau, quand la neige cessa enfin. L'après-midi était déjà bien avancée…

– Maintenant, ça suffit, dit Manon. Je sors de là, il faut faire quelque chose ! Je vais aller chercher des secours, de toute façon ce n'est pas toi qui pourras m'en empêcher !

– Attends, dit Tom, j'ai une meilleure idée. Tu vas essayer de dégager le scooter, pour qu'on puisse le voir du ciel. Et puis tu vas tracer un signe sur la neige, le plus grand possible !

Quand Manon sortit de la cabane, elle se retrouva avec de la neige presque au niveau de la taille. Chaque pas était un combat : il fallait lever les genoux le plus haut possible, et plusieurs fois, elle dut s'aider de ses mains pour déblayer le chemin devant elle. En cinq minutes, ses gants étaient déjà trempés…

Enfin, elle parvint à rejoindre le scooter, qui disparaissait sous un manteau de neige aux formes arrondies. L'engin était de couleur noire, avec un capot rouge qu'elle s'employa à bien dégager. Puis elle s'éloigna un peu, vers un espace dégagé, où il lui fallut un bon quart d'heure de piétinement pour tracer dans la neige un grand SOS.

Lorsqu'elle rejoignit la cabane, Tom regardait sa jambe, qui était très enflée, mais curieusement, il souriait.

– En fait, je crois qu'elle n'est pas cassée, dit-il. C'est juste une énorme entorse !

Manon soupira de soulagement

– J'ai fait ce que tu as demandé, dit-elle, mais si dans deux heures il ne se passe rien, je...

Elle s'interrompit brusquement.

– Écoute !

Au loin, un vrombissement semblait rebondir sur les montagnes alentour.

– C'est l'hélico du PGHM ! dit Tom.

Manon se rua au-dehors, en suivant les traces déjà creusées. Elle aperçut l'hélicoptère, au loin, qui filait en sens opposé...

« Reviens reviens reviens par ici par ici je t'en supplie. »

Malgré la prière muette, l'appareil s'éloigna dans le sens opposé. Puis il changea encore de direction, et demeura un moment à faire de petits cercles, comme un gros insecte indécis. Enfin, il pivota, et s'approcha de la vallée... Manon se mit à hurler, à sauter en agitant les bras. Un instant, elle crut qu'il partait à nouveau de l'autre côté. Puis soudain, alors qu'elle n'y croyait plus, il s'approcha pour de bon.

– Ici ! Ici ! criait-elle à pleins poumons.

Elle faillit s'évanouir, quand elle comprit que les sauveteurs l'avaient repérée.

FÉVRIER

Comme l'avait promis le médecin à l'hôpital, Tom s'était vite remis de son entorse. Et la terreur qu'il avait eue d'être gravement blessé semblait avoir démultiplié sa rage de vaincre. Suite à plusieurs belles performances, il avait été sélectionné par le comité régional pour participer aux championnats de France benjamins, à Val-d'Isère…

La veille, l'épreuve du géant ne s'était pas hyper bien passée. Il avait été agressif et agile, mais pas assez rapide. Il avait fini à la 9e place sur 71 concurrents, avec un chrono de 1:31.40, contre 1:26.25 pour le vainqueur. Il y avait encore du chemin à parcourir…

Mais ce matin-là, pour l'épreuve du slalom, il le sentait, tout serait différent. Il s'était réveillé avec l'envie de dévorer le monde.

– Tu te sens prêt ? lui demanda Marcus en lui servant ses céréales. Tu veux qu'on discute de quelque chose ?

– Ça va aller, avait répondu Tom. Fais-moi juste confiance !

Marcus hocha la tête, un peu décontenancé. Depuis « l'épisode du loup », comme on disait, ses rapports avec son fils avaient subtilement

évolué. Marcus sentait que Tom devenait plus autonome, plus réticent à lui obéir aveuglément.

L'affaire avait fait grand bruit, et était même passée en boucle pendant 24 heures sur les chaînes d'infos : « C'est une incroyable aventure qu'ont vécue deux adolescents de la station de Valmontaz ! Partis en pleine nuit dans la montagne, sur un scooter des neiges, ils voulaient sauver un louveteau abandonné... »

Face aux reproches, Tom et Manon avaient fait bloc, sans chercher de fausses excuses.

– Tout est de ma faute, disait-elle. C'est moi qui l'ai entraîné dans cette histoire...

– N'importe quoi, répliquait-il. C'est moi qui ai voulu l'impressionner avec mon scooter...

– Ça suffit ! avaient conclu les parents réunis. Vous êtes tous les deux coupables. Et à la prochaine bêtise...

– Il n'y en aura pas, avaient répondu en même temps Tom et Manon.

Impressionné par la force de caractère de son fils, Marcus s'efforçait depuis de faire davantage confiance à Tom. Le plus étonnant, c'est que lui-même se sentait au fond beaucoup mieux...

Quand le télésiège ouvrit à 9 h 15, Tom, dossard 29, fut l'un des premiers en haut de la piste. Après une demi-heure d'échauffement, il fit la descente de reconnaissance en souplesse, sans forcer. Le parcours de 42 portes était hyper technique, forçant à négocier des virages aux rayons très courts. Mais sa conviction était faite : il pouvait se placer dans les cinq premiers.

Pendant la première manche, en attendant son tour, il regarda descendre une dizaine de concurrents, dont trois ne réussirent pas à terminer, échouant toujours au même endroit, dans une série de doubles portes très rapprochées. Lors de sa propre descente, il eut une hésitation à la quinzième porte, où un méplat lui fit perdre une ou deux secondes. Le reste se déroula sans anicroche. Avec un temps de 1:22.30, il était quatrième. Il pouvait encore faire mieux !

Pour la seconde manche, il se concentra à fond, et juste avant le départ, rajusta machinalement l'élastique de son masque, son geste porte-bonheur... Du haut de la piste, il apercevait tout en bas la foule massée en demi-cercle autour des barrières souples.

Tom prit une profonde inspiration et s'élança au top départ, en essayant de prendre un maximum de vitesse avant d'atteindre la première porte. Il commença à virer, à droite, à gauche, sans rater le moindre mouvement, en regardant toujours à deux portes devant lui. En course, il avait toujours l'impression de vivre plus fort ! Son cerveau analysait mille paramètres à la seconde, ordonnait aussitôt les bons gestes... À la quinzième porte, il réussit cette fois à sortir du virage sans aucune perte de relance. Vers la trentième, où tant d'autres concurrents avaient échoué, il passa comme une flèche, dans un dérapage impeccable. En franchissant la ligne après les 135 m de dénivelé, il sut qu'il avait réussi la course parfaite. Il se retourna vers le tableau électronique. 1:19.35 Personne ne pourrait le battre. Il avait gagné, il était le premier !

Marcus s'avançait déjà pour donner l'accolade au champion, mais Tom lui fit signe d'attendre, et vint serrer dans ses bras sa plus fervente

supportrice : Manon, venue spécialement avec Charlotte.
– T'es le plus fort ! lui souffla-t-elle dans l'oreille.
Plus tard, quand il fut monté sur le podium et eut reçu son trophée, tous se retrouvèrent pour boire un verre. Marcus, rayonnant de fierté, planifiait déjà le voyage en Slovaquie pour la prochaine compétition internationale.
– Cette fois, disait-il, les choses sérieuses commencent !
Charlotte et Audrey riaient ensemble, heureuses de s'échapper pour un moment de leur quotidien à Valmontaz.
– Au fait, dit Manon à Tom, j'ai un truc à te dire, et un autre à te montrer. Mika m'a proposé de m'inscrire à ma première compét' de snowboard, et j'ai dit oui. Bon, c'est sûr, je ne ferai pas de miracles, mais…
– Tu n'en sais rien, la coupa Tom. Je vais te donner des trucs pour t'entraîner. De toute façon, le principal, c'est de se faire plaisir. La victoire, c'est juste la cerise sur le gâteau. Franchement, tu trouves ça joli, une coupe ?
Elle regarda le trophée qu'il serrait dans ses mains.
– Euh, fit-elle, c'est du plastique doré…
– Et sinon, c'est quoi, le truc que tu veux me montrer ?
– Ça, c'est beaucoup plus beau, dit Manon en dégainant son smartphone flambant neuf, un cadeau de Charlotte, sur le mode « Tu me promets de ne jamais t'en séparer ! ».
Elle tapota rapidement l'écran, avant de lui montrer la photo d'un jeune loup, qui regardait l'objectif d'un air espiègle, les oreilles dressées.

– C'est Natacha, la fille de l'association de protection des loups, qui me l'a envoyée ce matin. Elle m'avait promis de me tenir au courant… Au refuge, ils avaient déjà recueilli une louve avec ses petits, et il semblerait que Loulou a trouvé sa place dans la meute : il paraît qu'il est tout fou de joie !

Tom regarda attentivement l'image, le visage fendu par un large sourire.

– Tu sais quoi ? Il est trop beau, notre fiston !

FIN

TOUT SAVOIR SUR LA MONTAGNE ET LE SKI

LA NAISSANCE d'une MONTAGNE

Elles nous semblent éternelles et immobiles… Erreur ! À leur rythme très lent, les montagnes sont en mouvement. La chaîne des Alpes, par exemple, s'élève de 1,5 mm par an dans certaines zones, malgré le phénomène d'érosion naturelle.

LA CROÛTE TERRESTRE

Sous nos pieds, jusqu'au centre de la Terre, la distance est de 6 400 km. Mais la majeure partie du globe se compose de roches en fusion, brûlantes et visqueuses, agitées de mouvements violents. À la surface, la partie solide, appelée croûte terrestre, ne mesure en moyenne que 30 km d'épaisseur, mais elle est plus épaisse sous les chaînes montagneuses (jusqu'à 70 km). Elle est séparée en gros blocs, les plaques tectoniques, qui forment les continents et le plancher des océans.

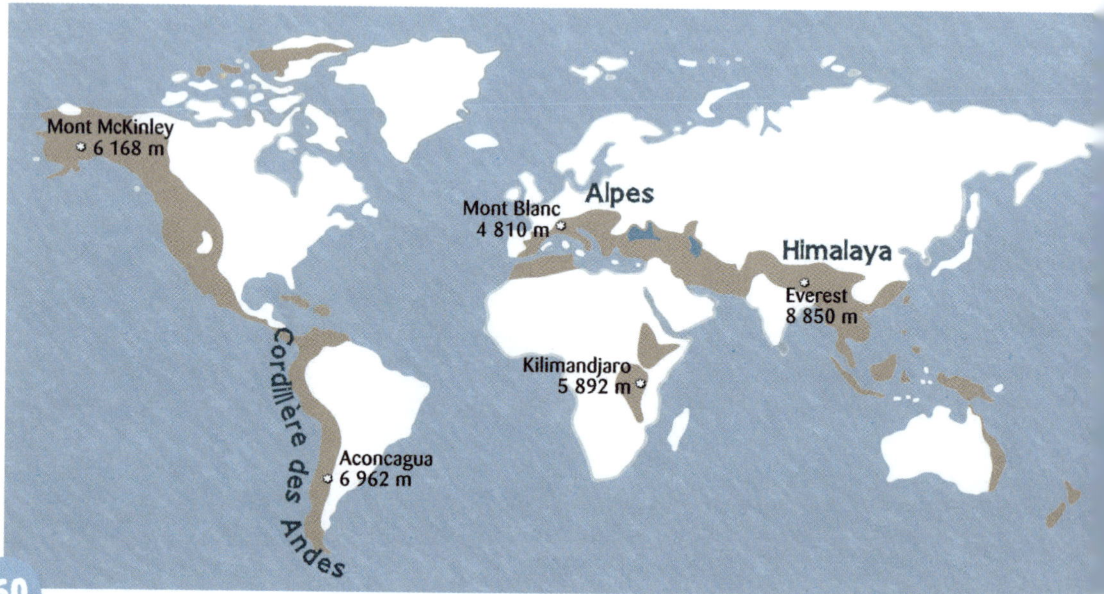

LA DÉRIVE DES CONTINENTS

En dérivant lentement, de quelques mètres par siècle, certaines plaques finissent par se heurter. Elles se plissent, se tordent, se déforment… Quand elles sont de même épaisseur, leurs bords s'élèvent ensemble. Parfois aussi, la plaque plus fine glisse sous la plus épaisse : dans les deux cas, une chaîne de montagne se forme, ou continue de s'élever ! Ce sont ces chocs qui provoquent chaque année de nombreux tremblements de terre dans le monde.

SURPRISE !

D'autres montagnes se forment lors d'une éruption volcanique, comme le Stromboli en Italie, ou le mont Fuji au Japon. Un des cas les plus récents est le Paricutin, au Mexique. Tout commença par une éruption le 20 février 1943, au milieu d'un champ de maïs. Quatre jours plus tard, le cône mesurait 60 m de hauteur. Aujourd'hui éteint, il s'élève à 424 m au-dessus des terres environnantes, et a englouti deux villages !

ÇA USE, ÇA USE…

Si des forces poussent les montagnes à s'élever, un autre phénomène, l'érosion, les grignote peu à peu. La pluie et le vent usent la roche, le gel fait éclater les rochers, les ruisseaux et les torrents arrachent de petits débris… Ici aussi, les échelles de temps sont très lentes. Mais quand une montagne est âgée de plusieurs millions d'années, des vallées s'y sont creusées, et ses sommets se sont arrondis !

LE SAVAIS-TU ?

Les montagnes du monde occupent 25 % des terres émergées. Les principales chaînes de montagne sont l'arc alpin, l'Himalaya et les cordillères américaines.

DOCU+

DICO
FOSSILES

Incroyable mais vrai : on trouve des fossiles de coquillages à des milliers de mètres d'altitude ! L'explication est simple : jadis, avant la formation des montagnes, la roche qui les compose se trouvait sous la mer.

LE CHIFFRE
9 000 M ENVIRON

À cause de son poids, c'est l'altitude maximale que peut atteindre une montagne, et l'Everest, plus haut sommet de la Terre, culmine d'ailleurs à 8 850 m. Ensuite, elle s'élargit, mais ne monte plus.
Sur la planète Mars, où la gravité est plus faible, le plus haut sommet, l'Olympus Mons, dépasse les 20 km de hauteur !

MINIQUIZ
VRAI OU FAUX ?

A • L'Afrique et l'Amérique du Sud étaient autrefois collées.

B • À l'échelle, la croûte terrestre équivaut à une coquille d'œuf.

C • Aujourd'hui, on sait arrêter la dérive des continents.

(Réponses p. 138)

LES ÉTAGES de la VÉGÉTATION

Où finit une colline, et où commence une montagne ? Il n'existe aucun chiffre officiel, mais les géographes utilisent en général la limite de 900 m d'altitude pour commencer à parler de montagne. En fonction de l'altitude, la végétation forme des niveaux bien distincts.

LE CLIMAT MONTAGNARD

À mesure qu'on gravit une montagne, on remarque vite que l'air se rafraîchit. En moyenne, la température baisse d'1 °C tous les 200 m. Et plus on monte, moins la pression de l'air est élevée : c'est ce qui explique que nos oreilles se bouchent. Les précipitations, elles, augmentent de 3 % environ tous les 100 m. À 1 600 m d'altitude, il pleut 4 ou 5 fois plus que dans une vallée située 800 m plus bas.

L'ADRET ET L'UBAC

La plupart des villages de montagne sont bâtis sur le versant exposé au sud, bénéficiant d'un climat un peu plus sec et plus chaud. On l'appelle l'adret dans les Alpes, ou la soulane dans les Pyrénées. À l'opposé, le versant exposé au nord, l'ubac (ou ombrée), est toujours plus froid et humide.

1900 m

ÉTAGE MONTAGNARD :
forêts denses de feuillus et de résineux mélangés, prairies, derniers champs cultivés.

1100 m

ÉTAGE COLLINÉEN :
prairies, forêts de feuillus, champs cultivés, végétation proche de celle des plaines alentour.

ADRET
UBAC
ÉTAGE NIVAL :
neige quasi permanente, glaciers, roche nue, végétation de lichens et de mousses.
3000 m
2800 m
ÉTAGE ALPIN :
quelques arbres nains, vastes étendues herbeuses, avec des petites fleurs à tige courte en été.
2500 m
2300 m
ÉTAGE SUBALPIN :
forêts de résineux, buissons, alpages où paissent les troupeaux en été.
1700 m
900 m

LES MONTAGNES de FRANCE

Alpes, Pyrénées, Massif central, Jura, Vosges : ces 5 massifs représentent 21 % de la superficie de la France et abritent 6 % de sa population. Chaque montagne a son histoire, qui a commencé très longtemps avant l'apparition de l'homme !

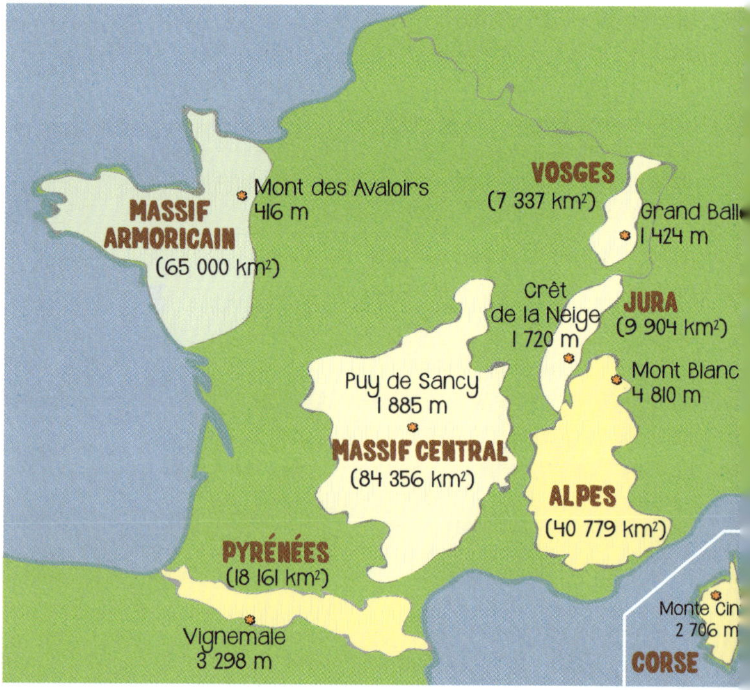

LES ALPES FRANÇAISES

Elles forment la partie ouest du plus vaste massif d'Europe, qui s'étend sur quelque 1 200 km, jusqu'à l'Autriche et la Slovénie. Les Alpes ont commencé à s'élever il y a environ 40 millions d'années, lors du choc des plaques africaine et eurasienne. En France, elles offrent des paysages et des climats très variés, des collines de Provence aux sommets de Savoie. C'est aussi le massif le plus peuplé, et à l'économie la plus dynamique !

LES PYRÉNÉES FRANÇAISES

Nées en même temps que les Alpes, elles s'étendent de la Méditerranée à l'Atlantique sur 450 km de long. Plutôt étroites, elles forment une muraille de sommets séparés par des cols élevés. Le climat pyrénéen est relativement doux, et on y trouve les plus hautes chutes d'eau de France : jusqu'à 423 m pour celles du cirque de Gavarnie.

LE MASSIF CENTRAL

Apparu il y a 500 millions d'années, c'est le plus ancien. Depuis, ses formes se sont adoucies… sauf dans sa partie sud-est, qui fut relevée lors de la formation des Alpes et des Pyrénées. Ces chocs ont aussi provoqué une intense activité volcanique. Dans le Massif central, tous les types de volcans sont représentés. Les plus jeunes étaient encore actifs il y a 6 000 ans !

LE JURA

Il y a 150 millions d'années, se trouvait là une mer chaude et peu profonde, qui a laissé un sol calcaire très riche en fossiles… Plus tard, le massif s'est élevé, avant d'être bousculé et plissé en forme de croissant par la formation des Alpes. Long de 340 km, le Jura est une montagne de hauteur modeste, mais au climat rude, qui abrite d'immenses forêts et de nombreux lacs.

LES VOSGES

Ici, voici 65 millions d'années, le terrain était à peu près plat. Puis deux plaques ont commencé à s'écarter, formant la profonde faille qui donnera la vallée du Rhin. Sous la violence du choc, les bords se sont élevés, donnant d'un côté le massif des Vosges, et de l'autre celui de la Forêt noire, en Allemagne… Ici aussi, le climat est plutôt rude, avec des températures très basses et des hivers longs.

DOCU+

DICO
LA LOI MONTAGNE

Votée en 1985, elle aide les zones de montagne à se développer, protège l'agriculture et contrôle l'urbanisation. Par exemple, aucun bâtiment ne peut être construit à moins de 300 m d'un lac de montagne.

LE CHIFFRE
5

C'est le nombre de parc nationaux de montagne en France métropolitaine : Écrins, Mercantour, Vanoise, Cévennes et Pyrénées. Dans ces zones ultra protégées, on ne circule que sur les sentiers balisés, à pied, sans animal, sans faire de feu ni de camping, et sans rien cueillir !

MINIQUIZ
VRAI OU FAUX ?

A • Les volcans d'Auvergne peuvent à tout moment se réveiller.
B • Un GR est une grosse route qui traverse une montagne.
C • La Loire prend sa source dans les Alpes.

(Réponses p. 138)

LA FLORE de L'HIVER

Quand arrive la neige en montagne, on ne voit plus que les arbres qui dépassent. Si tu apprenais à les reconnaître ? Et sais-tu comment font les autres plantes pour survivre en altitude ?

UNE VIE EN ACCÉLÉRÉ

Plus l'altitude est élevée, moins les plantes disposent de temps pour pousser et se reproduire. À 1 000 m, la période de végétation dure environ 8 mois. À 2 000 m, elle n'est que de 4 mois, puis à peine 2 mois à 2 600 m. Difficile de s'épanouir dans ces conditions ! Dans les Alpes, par exemple, sur les 3 500 espèces de plantes à fleurs connues, une centaine survit au-dessus de 3 000 m, et seulement 12 au-dessus de 4 000 m.

STRATÉGIES POUR SURVIVRE

Certaines plantes ont choisi de ramper, comme le silène acaule, formant une sorte de tapis ne dépassant pas 5 cm de haut, mais dont la racine puissante s'enfonce à 1,50 m. D'autres, comme les saxifrages, bien accrochées à une fissure de rocher, forment une boule compacte qui leur permet de conserver un peu plus de chaleur… Les conifères ont un secret : leur sève épaisse ne gèle pas. Grâce à leurs racines profondes, ils peuvent aussi résister aux éboulements et aux avalanches.

LE SAPIN (400 À 1 800 M)

Présent dans toutes les montagnes de France, le « vrai » sapin a besoin d'un climat humide. Sa forme est assez étroite, avec un tronc gris argenté, qui se crevasse et noircit au fil des ans. Il peut dépasser 60 m et vivre 500 ans.

- **Aiguilles au dessous argenté, réparties en « peigne » de chaque côté.**
- **Cônes gros, dressés en hauteur.**

L'ÉPICÉA (600 À 2 000 M)

L'arbre le plus répandu en montagne s'adapte à tous es sols, possède un tronc brun rougeâtre, atteint parfois 50 m de haut et vit jusqu'à 300 ans. Jeune, il est souvent vendu comme « sapin de Noël ».

- Aiguilles piquantes, d'un vert foncé uniforme, disposées en spirale autour du rameau.
- Cônes allongés qui pendent vers le bas et tombent sur le sol.

LE MÉLÈZE (1200 À 2400 M)

De croissance lente, il peut vivre plus de 600 ans et atteindre 40 m de haut. Il est facile à reconnaître en hiver, car c'est le seul conifère qui perd ses aiguilles.

- Aiguilles molles, groupées en bouquet, vert clair puis jaune vif en automne.
- Cônes petits, ovales, dressés en hauteur.

DOCU+

DICO

ENDÉMIQUE

Ce terme désigne une espèce vivante qui ne se rencontre que sur un territoire précis et nulle part ailleurs. On connaît environ 150 plantes endémiques dans les montagnes de France. Comme sur des îles, elles sont isolées du reste du monde !

LE CHIFFRE

4 505 M

C'est le record d'altitude connu pour une fleur. Observée en 2011 par un botaniste suisse, dans le canton du Valais, cette saxifrage à feuilles opposées gèle toutes les nuits, mais parvient à faire remonter sa température interne jusqu'à 18 °C quand le soleil brille !

MINIQUIZ

VRAI OU FAUX ?

A • Pour résister au vent, les arbres poussent inclinés face à lui.

B • La gomme des conifères peut se mâcher.

C • Le saule herbacé, plus petit arbre du monde, ne dépasse guère 1 m de haut.

(Réponses p. 138)

LA FAUNE de L'HIVER

Fuir le froid et la neige, ou s'adapter ? Chaque espèce a développé sa propre stratégie. Et même si les animaux de la montagne se font très discrets, en hiver, la vie continue…

LIBRES COMME L'AIR

Un tiers des oiseaux présents en été migrent vers le sud. La plupart de ceux qui restent choisissent de passer l'hiver plus bas, vers les vallées… Le chocard à bec jaune, lui, ne descend se nourrir que durant la journée, et rejoint les sommets avant la nuit. D'autres espèces se sont adaptées à un régime particulier : le pic noir déniche des larves dans le bois mort, le bec-croisé se nourrit en écartant les écailles des cônes de sapins…

LA VIE SUSPENDUE

Certains mammifères, comme la chauve-souris, le loir ou le hérisson sont capables de passer l'hiver en hibernation. Roulé en boule au fond d'un abri confortable, leur corps se met au ralenti. La marmotte par exemple, abaisse la température de son corps de 36 °C à 5 °C, et son cœur passe de 120 à moins de 10 pulsations par minute ! Au printemps, elle se réveille toute maigre et flasque, ayant épuisé ses réserves de graisse.

QUI S'AVENTURE LE PLUS HAUT ?

6 000 m • Gypaète et chocard.
4 700 m • Campagnol des neiges.
3 500 m • Quelques vers et insectes.
3 200 m • Bourdon alpin.
3 000 m • Grenouille rousse.
2 600 m • Truite (dans les torrents).

ET LES GRANDS MAMMIFÈRES ?

Le territoire des chamois englobe toujours une zone de forêt, où ils peuvent se protéger contre une tempête et où ils trouvent des écorces ou des rameaux secs à grignoter... Le bouquetin, lui, se contente souvent pour manger du lichen gratté sur les rochers, mais en cas de grand froid, il descend des hauts alpages jusqu'aux lisières forestières. Là où chassent le renard et parfois aussi le loup !

LES INVISIBLES

L'hermine, le lièvre variable ou le lagopède ont développé une stratégie extraordinaire pour se protéger des prédateurs en hiver. Dès le mois d'octobre, leur plumage ou pelage se renouvelle entièrement, pour devenir blanc comme neige. Lors de la dernière époque glaciaire, ces animaux étaient répandus partout en Europe, même dans les vallées. Quand le climat s'est réchauffé, il y a 10 000 ans, ils se sont réfugiés en montagne pour pouvoir rester camouflés !

DOCU+

DICO
HIVERNATION

L'ours n'entre pas vraiment en hibernation, en sommeil profond. On dit plutôt qu'il hiverne : il reste à somnoler dans sa caverne, mais sort parfois pour faire quelques pas, chasser un intrus…

LE CHIFFRE
10 000 M

L'altitude que pourrait atteindre l'oie à tête barrée, qui vole au-dessus de l'Himalaya. On y rencontre aussi le mammifère le plus haut, le yak, qui monte à 6 000 m en été !

MINIQUIZ
VRAI OU FAUX ?

A • Quand elle repère un aigle, la marmotte pousse des sifflements.
B • Comme l'homme, le chamois peut escalader 1 000 m en 3 heures.
C • Le lynx est présent dans les montagnes en France.

(Réponses p. 138)

TOUT sur la NEIGE

Le « blanc manteau » te semble uniforme ? C'est en réalité un matériau complexe, qui se modifie en permanence ! En montagne, on surveille la neige de près, pour la rendre à la fois praticable, et la moins dangereuse possible…

DANS LE NUAGE

Lorsque de l'air humide monte en altitude, la vapeur invisible se condense en minuscules gouttelettes d'eau : un nuage apparaît. Quand ce nuage grossit, les gouttelettes se combinent entre elles, en formant des gouttes plus lourdes qui tombent vers le sol : il pleut ! Mais en hiver, si la température est très froide, la vapeur ne passe pas par le stade liquide : elle se condense directement dans le nuage en cristaux de glace.

NAISSANCE D'UN FLOCON

Secoués dans tous les sens, les microscopiques cristaux de glace s'agglutinent ensemble, et absorbent la vapeur d'eau environnante pour former une structure géométrique à six côtés : c'est le cristal de neige. Pour en obtenir un seul, il faut environ 10 millions de cristaux de glace ! Quand le cristal de neige est assez gros et lourd, il tombe, en s'agglutinant parfois avec d'autres pour former un gros flocon. Il neige !

LE SAVAIS-TU ?

On connaît 3000 sortes de cristaux de neige, mais chacun est absolument unique !

COUCHE APRÈS COUCHE

Rien de plus féerique que la poudreuse fraîche, brillante et légère… Mais quand une nouvelle chute vient la recouvrir, les cristaux du dessous se modifient. Ils se tassent en petits grains et deviennent collants entre eux. Chaque nouvelle couche de neige subit aussi l'effet des conditions du moment : la chaleur, le gel, l'humidité, le vent… Résultat : le manteau neigeux devient un vrai « millefeuille » de couches superposées, plus ou moins stables entre elles.

VIGILANCE MÉTÉO

Matin et soir, en France, les pisteurs de 140 stations examinent l'état de la neige. Si le risque d'avalanche est fort, ils déclenchent eux-mêmes, avec des systèmes explosifs, de petites avalanches qui sécurisent les pistes. De son côté, Météo France utilise ces informations, plus celles transmises par des stations automatiques d'altitude, pour estimer le risque d'avalanche dans les 48 heures. On doit absolument consulter son bulletin avant toute balade hors du domaine sécurisé !

DOCU+

DICO
NEIGE DE CULTURE

De nombreuses stations sont équipées de « canons à neige ». L'air ambiant doit être froid (-4 °C minimum) et très sec. On pulvérise alors un mélange d'air comprimé et de fines gouttelettes d'eau très froide, qui se transforment en une neige fine.

LE CHIFFRE
2,10 M

C'est le record connu de chute de neige en une journée, en Californie en 1952. En France, l'observatoire du mont Aigoual (1 567 m), dans les Cévennes, a relevé 1,86 m de neige tombée le 19 février 1976.

MINIQUIZ
VRAI OU FAUX ?

A • La neige étouffe les sons, à cause de l'air qu'elle contient.
B • Elle contient 50 % de sel, ce qui explique sa couleur blanche.
C • Elle protège le sol du froid, en formant une couche isolante.

(Réponses p. 138)

LA VIE des GLACIERS

En altitude, dans les cuvettes abritées, la neige qui tombe ne fond pas… Elle s'accumule pour former ces impressionnantes « langues de glace » à la force colossale !

DE LA NEIGE À LA GLACE

Au printemps, dans les zones ombragées de la moyenne montagne, il reste souvent des névés, des amas de neige durcie. La plupart finissent par fondre. Sauf s'ils se sont formés plus haut, à la surface d'un glacier ! Au fil des années, la neige continue alors à se tasser, en expulsant l'air qu'elle contient. À la fin, il ne reste plus qu'une glace compacte, pesant plus de 900 kg par m^3 (contre 20 kg pour le même volume de neige fraîche).

FLEUVE DE GLACE

Un glacier n'est pas immobile. Très épais et entraîné par son poids énorme, il commence alors à glisser, de quelques centimètres par jour en moyenne, en emportant au passage de nombreux morceaux de roche… On appelle moraines ces amas de débris rocheux abandonnés sur les bords ou au pied du glacier.

CREVASSES ET SÉRACS

Le glacier avance plus ou moins rapidement selon la pente et les obstacles du relief… Ces différences provoquent des ruptures en surface de la glace, et des crevasses qui peuvent atteindre plusieurs dizaines de mètres de profondeur se forment, mais aussi des amas de gros blocs de glace que l'on appelle séracs.

FIN DE PARCOURS

En descendant, le glacier finit par atteindre sa « zone d'ablation », l'endroit où l'apport en neige ne suffit plus à compenser le dégel. La glace fond et vient alimenter un cours d'eau. Le glacier descend plus ou moins bas selon le climat.

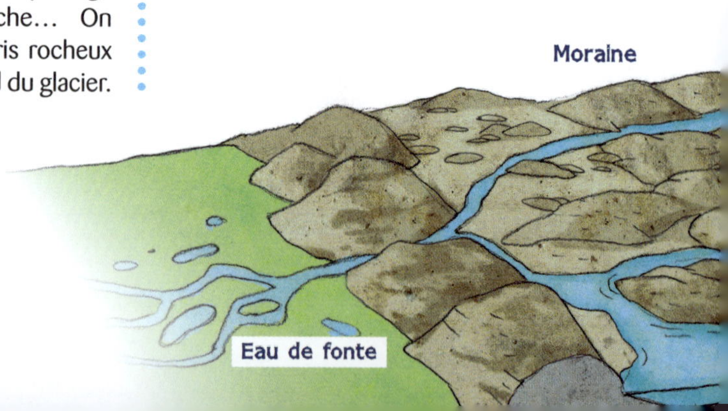

ALERTE MONDIALE !

Les glaciers permettent de mesurer le réchauffement climatique. En France, la superficie de la Mer de glace, le plus grand glacier, s'est réduite de 50 % en 30 ans. Au Groenland, le Jakobshavn Isbræ, l'un des plus grands glaciers du monde, perd 15 m d'épaisseur par an. En 10 ans, sa fonte a provoqué à elle seule une hausse de 1 mm des océans !

LE SAVAIS-TU ?

25 000 000 de km^3 :
C'est la quantité d'eau douce « prisonnière » des glaciers et des calottes glaciaires. Cette réserve représente 100 fois plus que toute l'eau douce contenue dans les fleuves et les lacs !

SA MAJESTÉ MONT BLANC

Du haut de ses 4 810 m d'altitude, il constitue le « toit de l'Europe occidentale ». On vient l'admirer du monde entier, et chaque alpiniste rêve de l'escalader au moins une fois dans sa vie !

BIZARRERIE GÉOGRAPHIQUE

Le mont Blanc s'élève au cœur du massif du même nom, et il est le point culminant de la chaîne des Alpes. Par temps clair, il se voit à plus de 300 km de distance. Mais dans quel pays est-il situé ? Depuis 150 ans, personne n'est d'accord ! Pour les Français, le mont Blanc est entièrement en France. Mais pour les Italiens, la frontière passe au sommet, et partage donc la montagne entre les deux pays…

MONTAGNE MAUDITE

La légende dit qu'à l'époque romaine, ses flancs étaient très verdoyants. Puis au XIVe siècle, débuta un refroidissement climatique qui dura 400 ans. Les glaciers s'approchaient tout près de Chamonix, la ville située dans la vallée. On appelait alors le mont Blanc « la montagne maudite », car ces vastes étendues de neige et de glace épouvantaient la population. Nul n'aurait osé s'y aventurer en hiver !

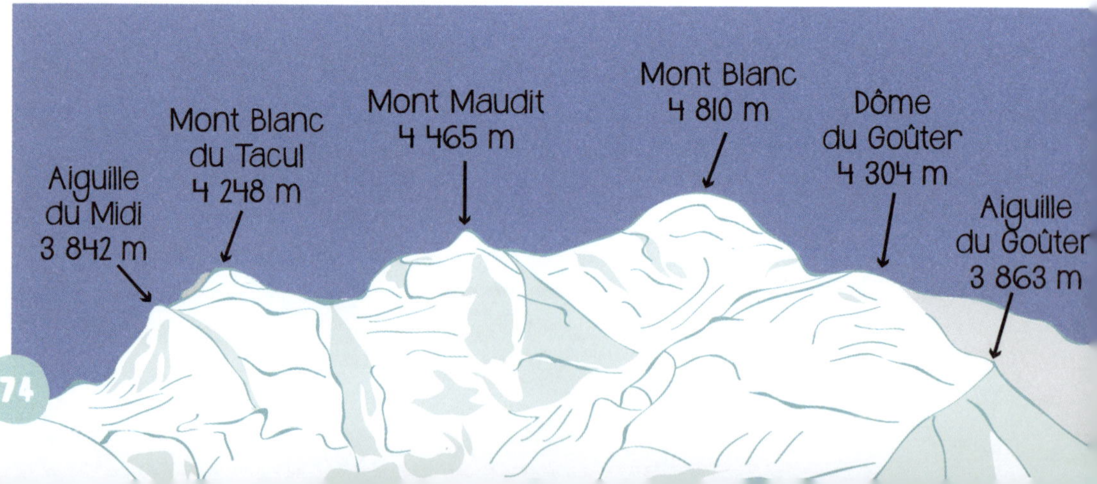

PIONNIERS ET RECORDS

Le 8 août 1786, le chasseur Jacques Balmat et le docteur Michel Paccard réussirent la première ascension du mont Blanc. Cet exploit marqua aussi le début de la grande aventure de l'alpinisme à travers le monde… Quant au mont Blanc, il connaîtra bien d'autres exploits, comme la première femme au sommet en 1808, la première ascension hivernale en 1876, la première descente à ski en 1929… En 2013, parti de Chamonix, le Catalan Kilian Jornet l'a gravi en courant en 3 h 30 min !

TOURISTES ET ALPINISTES

Aujourd'hui, le mont Blanc est le troisième site naturel le plus visité au monde. Il reçoit 6 millions de visiteurs par an, dont 3 000 réussissent à grimper au sommet. Certains jours d'été, il faut attendre son tour pour franchir les derniers mètres ! Mieux vaut s'être bien préparé, car à ces hauteurs, le danger rôde toujours : chaque année, une quinzaine d'alpinistes perdent la vie dans le massif du Mont-Blanc.

DOCU+

DICO
CRISTALLIERS

Ce nom désigne les chercheurs de cristaux, qui explorent depuis des générations les entrailles du massif à la recherche de ces magnifiques minéraux. La plus rare et recherchée est la fluorine rose : une pièce de 5 kg s'est vendue 250 000 euros !

LE CHIFFRE
4 792 M

C'est l'altitude réelle du sommet rocheux du mont Blanc. Mais il faut y ajouter une épaisseur de neige qui varie selon les conditions, et qui était de 18 m lors de la dernière mesure en 2013. Et comme le vent pousse la masse neigeuse vers l'est, le « vrai » sommet se situe 40 m à l'ouest du sommet neigeux.

MINIQUIZ
VRAI OU FAUX ?

A • Il existe un tunnel qui passe sous le mont Blanc.
B • Il ne pleut jamais sur le mont Blanc au-dessus de 3 700 m d'altitude.
C • En Italien, le mont Blanc s'appelle Monte Rosso.

(Réponses p. 138)

L'HISTOIRE du SKI

Il y a au moins 6 000 ans, les peuples des pays nordiques inventèrent le moyen de glisser sur la neige. Ce n'était pas encore un sport : juste un moyen de se déplacer plus vite, et de chasser les animaux en hiver !

LA NUIT DES TEMPS

Le ski a-t-il été inventé à plusieurs endroits ? Les vestiges archéologiques révèlent en tous cas diverses techniques. En Laponie et Sibérie, on utilise 2 planches courtes et larges, tandis qu'en Scandinavie, l'une est très longue et l'autre courte, servant à donner de l'élan. Toutes sont fixées aux pieds par des lanières de cuir, tandis que dans les pays baltes, on enfonce plutôt ses pieds dans des sortes de sabots fixés sur les planches.

LES CHASSEURS ALPINS

Pendant des millénaires, le ski continue à se développer en Europe du Nord, utilisé par les soldats, les commerçants, les chasseurs… En 1888, le Norvégien Fridtjof Nansen explore le Groenland à skis. Le monde se passionne pour son exploit, et découvre en même temps ce drôle de moyen de transport ! En France, l'armée décide d'importer 1 000 paires de skis de Norvège, pour équiper les « chasseurs alpins », fameux soldats de la montagne.

NOUVEAU LOISIR

Dans les années 1890, les touristes fortunés adorent séjourner à la montagne en hiver. Les plus sportifs font de la luge ou du patinage. Certains s'amusent aussi à chausser ces nouvelles planches de ski… Le succès est tel que dès 1896, est fondé en France le premier « Ski Club des Alpes ». Puis en 1907, se déroule à Montgenèvre (près de Briançon) le premier concours international de ski nordique, le seul pratiqué à l'époque, qui correspond au ski de randonnée actuel.

FACE À LA PENTE

Le ski alpin, qui consiste à descendre une pente le plus vite possible, est inventé un peu plus tard dans les Alpes… par l'Anglais Arnold Lunn. Mais aux premiers Jeux olympiques d'hiver, en 1924 à Chamonix, seuls le ski nordique et le saut à ski figurent au programme. Il faut attendre les années 1930 pour que le ski alpin commence son irrésistible essor.

LE SAVAIS-TU ?
Au début du XXe siècle on skie avec un seul bâton, dans des tenues… pas très pratiques !

DOCU+

DICO
FÉDÉRATION FRANÇAISE DE SKI
Fondée en 1924, la FFS s'occupe de promouvoir le ski et d'organiser les compétitions. En 1930, elle comptait 7 000 membres. Elle regroupe aujourd'hui 140 000 licenciés, parmi 8 millions de skieurs en France.

LE CHIFFRE
1050
Cette année-là, aurait eu lieu en Norvège la « saga du roi Harald », la première course à ski connue. À cette époque, on pratiquait aussi le saut à ski, réservé aux plus braves et courageux guerriers…

MINIQUIZ
VRAI OU FAUX ?
A • Des branches de sapin furent les premières raquettes utilisées.
B • Les premiers skis étaient parfois taillés dans des os de renne.
C • En norvégien ancien, le mot *skío* désignait un morceau de bois.

(Réponses p. 138)

LES STATIONS de SKI

En un siècle, les montagnes ont vu apparaître sur leurs flancs de vraies petites villes conçues pour recevoir parfois des dizaines de milliers de vacanciers. En France, on compte près de 250 stations ! Comment ce « miracle » a-t-il été possible ?

PREMIÈRE GÉNÉRATION

À partir des années 1920, de gros villages alpins comme Chamonix ou Megève, dont les hôtels sont déjà fréquentés en été par la bonne société, lancent la mode des « sports d'hiver ». On entreprend alors de dépierrer les pâturages d'altitude, pour modeler des pistes destinées à être recouvertes par la neige, tandis que des ingénieurs imaginent et construisent les premières remontées mécaniques…

TOUJOURS PLUS HAUT

Après la Seconde Guerre mondiale, devant le succès du ski, on décide de créer en altitude de nouvelles stations en « sites vierges », là où avant il n'y avait rien. Chaque site est choisi pour offrir le plus grand domaine skiable possible. Les bâtiments poussent comme des champignons, sans organisation d'ensemble, et certains commencent à protester : attention à ne pas défigurer la montagne !

USINES À SKI

À partir de 1960, l'État impose un « plan neige » pour l'aménagement des nouvelles stations. Désormais, elles doivent être conçues par un seul architecte, avec des immeubles groupés et une organisation rationnelle de l'espace. Par exemple, les voitures restent dans des parkings à l'extérieur, tandis que les vacanciers doivent pouvoir circuler dans la station avec leurs skis aux pieds…

OBJECTIF LOISIRS

Aujourd'hui, les 250 stations de France continuent de se transformer et de s'améliorer. On préfère désormais développer une ambiance « village », avec des immeubles rappelant des chalets, tout en imaginant de nouveaux aménagements de loisirs, comme des centres aquatiques ou des attractions plus variées autour de la neige et de la montagne… L'idée, c'est que même ceux qui ne skient pas puissent venir y passer des vacances de rêve !

POUR TOUS LES GOÛTS

À côté des grandes stations d'altitude, existent aussi de nombreuses « petites » stations familiales, situées souvent moins haut, à partir de 1 200 m d'altitude, comme dans le Jura, les Vosges ou le Massif central. L'inconvénient, c'est que lorsque l'hiver est doux, la neige n'est pas toujours au rendez-vous !

DOCU+

DICO
GRENOUILLÈRE

Ce surnom désigne le cœur de la station de ski, l'endroit où convergent toutes les pistes, et le point de départ des principales remontées mécaniques.

LE CHIFFRE
2 110

C'est le nombre actuel de « grandes » stations de ski dans le monde (équipées d'au moins 5 remontées mécaniques), réparties dans 80 pays et fréquentées par 115 millions de skieurs.

MINIQUIZ
VRAI OU FAUX ?

A • Les Alpes sont les montagnes les plus fréquentées au monde par les skieurs.
B • Il existe une station de ski à Dubaï, aux Émirats arabes unis.
C • Le Japon compte seulement 5 stations de ski.

(Réponses p. 138)

LE BON MATÉRIEL

Le ski est un sport qui demande une certaine préparation. Puis une fois en confiance, sur des planches bien entretenues, on oublie tout pour se griser du plaisir de la glisse !

CRÈME SOLAIRE
Indispensable au bout du nez pour se protéger des coups de soleil. Sans oublier le stick pour les lèvres !

GANTS
On les choisit pas trop serrés, avec une membrane respirante, et on teste pour vérifier qu'on saisit bien les bâtons avec !

CHAUSSETTES
Elles doivent être à la bonne taille pour éviter les plis, épaisses pour éviter le froid, et aérées pour laisser respirer le pied.

MASQUE
Il doit recouvrir le visage jusqu'aux sourcils, avec une mousse épaisse pour plus de confort.

CASQUE
Il divise par 10 le risque de traumatisme, et donne un super look !

VÊTEMENT DE SKI
Il doit être imperméable, mais aussi respirant. L'idéal, les textiles « techniques » comme les fibres polaires ou le Gore-Tex. En dessous, on évite le coton qui retient l'eau.

C'EST FAIT COMMENT, UN SKI ?

Ski, snowboard ou autre, le noyau de la planche est souvent constitué de bois, qui lui donne la rigidité et la souplesse recherchées. Ce noyau est pris en « sandwich » entre des couches de résines renforcées de fibre de verre. Au-dessous, la semelle en polyéthylène, rainurée dans la longueur, permet la glisse. Sur les côtés, des carres faites d'un acier très résistant assurent l'accroche sur la neige et le contrôle dans les virages.

CHAUSSURES ET FIXATIONS

En ski ou en snowboard alpin, les plus pratiqués, la chaussure possède une coque très rigide, pour bien maintenir le pied et transmettre le mouvement. Le chausson intérieur assure un bon confort, et il y a aussi une semelle amovible. La résistance des fixations, elle, doit être réglée par un professionnel, pour qu'elles puissent supporter les secousses, mais laisser la chaussure se détacher du ski en cas de chute.

BICHONNER SES SKIS

Cailloux, chocs... Un ski s'use vite. L'entretien le plus courant, c'est le fartage : on enduit la semelle avec une cire pour qu'elle reste bien glissante et étanche. Il existe des produits en crème ou en spray, suffisants pour dépanner. Mais un vrai fartage se réalise à chaud, en faisant fondre une cire avec un fer spécial. De temps à autre, il faut aussi boucher les fissures de la semelle avec une résine, la meuler pour recreuser les rainures, et affûter les carres ! Un travail de « pro », même si les bons skieurs le font eux-mêmes.

DOCU+

DICO
PARABOLIQUE

On désigne ainsi la forme des skis modernes, qui ont une « taille de guêpe » avec la spatule (l'avant) et le talon (l'arrière) plus larges que le patin (au milieu).

LE CHIFFRE
450 000

C'est le nombre de paires de skis vendues chaque année en France. La plupart sont destinées à la location, qui est la formule choisie par 2 skieurs sur 3.

MINIQUIZ
VRAI OU FAUX ?

A • Quand on s'en sert pas, les skis doivent se ranger à plat.
B • En réalité, ce n'est pas la neige qui permet au ski de glisser.
C • Plus les skis sont longs, plus ils sont maniables.

(Réponses p. 138)

LE CODE des PISTES

Quand on glisse, on se sent libre... Comme chacun des autres skieurs ! Pour partager les pistes en toute sécurité, on doit connaître et respecter le « code de la neige ».

COULEURS ET BALISES

Ce sont les stations elles-mêmes qui choisissent les couleurs attribuées aux pistes, selon leur pente, leur largeur et leurs particularités. Tout au long de chaque piste, sont installées des balises où figurent son nom, sa couleur et un numéro de position qui est décroissant au fur et à mesure qu'on descend. En cas d'accident, on peut ainsi dire aux secours le lieu précis où ils doivent intervenir.

Piste facile (débutant)

Difficulté moyenne (débutant confirmé)

Piste difficile (bon skieur)

Piste très difficile (skieur expert)

5 RÈGLES DE BASE

- On doit choisir la piste en fonction de son niveau, et rester toujours capable de maîtriser sa vitesse.
- Le skieur amont (qui arrive d'en haut) doit choisir sa trajectoire de manière à préserver la sécurité de toute personne qui se trouve en aval (en bas). En cas de collision, c'est lui qui sera en tort !
- Après un arrêt, ou au croisement de deux pistes, on ne doit s'engager qu'après avoir vérifié qu'il n'y a pas de danger.
- On doit éviter de stationner dans les passages étroits ou sans visibilité. En cas de chute sans gravité, on doit dégager la piste au plus vite.
- Si on est témoin d'un accident, on doit prêter assistance, en donnant l'alerte, et en aidant les secours s'ils le demandent.

GÉRER LE HORS-PISTE

Quitter les pistes pour s'élancer sur une belle étendue de poudreuse vierge n'est pas interdit, mais réservé aux skieurs avertis. Le risque, c'est de heurter une souche ou un rocher caché, ou de déclencher une avalanche. Il est donc recommandé de ne jamais partir seul, et que chaque skieur soit muni de 3 choses : un émetteur-récepteur détecteur de victimes d'avalanches (DVA), une sonde pour fouiller la neige et une pelle pour creuser.

Les avalanches, surtout en hors piste, sont un des principaux risques en montagne. Ces drapeaux te signalent le degré de danger.

Risque faible

Risque élevé

Risque généralisé

Sur la piste ou à proximité, des panneaux triangulaires signalent un danger. Apprends-les par cœur !

DOCU+

DICO
AIRBAG

Il existe des sacs à dos munis de ce système. En cas d'avalanche, on tire une poignée, et une cartouche de gaz gonfle un gros coussin de couleur vive en une fraction de seconde. Ainsi, on restera en surface et on sera plus facilement repéré !

LE CHIFFRE
150 000

Le nombre d'accidents de ski constatés chaque année en France. En tête viennent les entorses (30 %) et les fractures (24 %).

MINIQUIZ
VRAI OU FAUX ?

A • Sur les pistes vertes, la vitesse est limitée à 50 km/h.
B • Les secouristes interviennent gratuitement en cas d'accident.
C • Si on doit s'arrêter sur une piste, il faut rester bien au centre, pour être visible.

(Réponses p. 138)

Les REMONTÉES MÉCANIQUES

Sillonnant la montagne, les câbles suspendus aux pylônes forment des routes aériennes qui permettent de grimper sans effort… Mais quelle est la différence entre les types d'appareils ?

LE TÉLÉSKI

Surnommé « tire-fesses », c'est l'appareil le plus simple, parfait pour les petites pistes. Il transporte jusqu'à 900 passagers à l'heure. Skis aux pieds, on attrape une perche au bout de laquelle une sellette ronde se cale entre les cuisses, et c'est parti ! Tiré vers l'avant, on remonte la pente à 14 km/h en moyenne.

LE TÉLÉSIÈGE

Ici, le câble ne sert plus seulement à tracter, mais aussi à porter les sièges. Sans avoir besoin de déchausser, on s'installe sur un siège, on rabat le garde-corps, et on décolle pour survoler la piste, à 15 m de haut et 20 km/h en moyenne ! Le télésiège a généralement de 4 à 8 places, et la version la plus courante transporte 2400 passagers à l'heure.

LA TÉLÉCABINE

Elle transporte des cabines fermées qui comptent généralement 4 à 16 places assises. Ici aussi, le câble est à la fois porteur et tracteur. L'embarquement se fait sur un quai où la cabine ralentit fortement, tandis que ses portes s'ouvrent puis se referment automatiquement. À la différence du télésiège, la gare est assez vaste, car en cas de tempête, il faut rentrer les cabines à l'abri !

LE FUNITEL

Cette super télécabine transporte sur de grandes distances des cabines qui contiennent jusqu'à 30 places, dont la plupart debout. Son secret ? Le funitel est actionné et porté par un double système de câbles, espacés d'environ 3 m. L'avantage, c'est que les cabines ne balancent pas, même quand le vent atteint 100 km/h !

LE TÉLÉPHÉRIQUE

Ce géant est souvent utilisé pour atteindre un pic élevé. Ici, le câble qui tire est différent de celui qui porte. Et surtout, le téléphérique ne possède que 2 grosses cabines (dans lesquelles on se tient debout) circulant en sens opposé. Le poids de celle qui descend aide à tracter celle qui monte ! C'est aussi la remontée mécanique la plus rapide, qui peut atteindre 45 km/h.

LA STRUCTURE D'UN CÂBLE

Le diamètre d'un câble varie de 4 cm pour un téléski, à 9 cm pour le câble porteur d'un téléphérique.

Au centre, l'âme du câble est faite de métal ou de fibre textile.

Chacun des 6 torons est composé de nombreux fils d'acier.

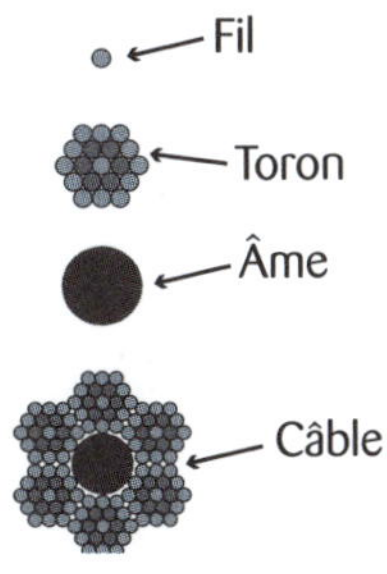

DOCU+

DICO
FORFAIT

Il s'achète pour une durée variable, depuis la demi-journée jusqu'à la saison entière, et permet d'utiliser l'ensemble des remontées du domaine skiable. De plus en plus, il est sous forme de carte à puce « sans contact ».

LE CHIFFRE
200

Le nombre de passagers que peut accueillir la cabine à double étage du téléphérique « Vanoise Express », qui relie les domaines des Arcs et de La Plagne. C'est la plus grosse capacité au monde.

MINIQUIZ
VRAI OU FAUX ?

A • Le transport par câble était déjà connu au Moyen Âge.
B • Un téléphérique est plus dangereux qu'un autocar.
C • Les remontées sont actionnées par des moteurs diesel.

(Réponses p. 139)

LES SKIS DE DESCENTE sur PISTE

Ceux qui se croisent dans les remontées mécaniques ne redescendront pas tous de la même façon !
À chacun son style de ski, et le matériel qui va avec…

LE SKI ALPIN

C'est de loin le plus pratiqué. Il y a encore 20 ans, les skis étaient droits, et il fallait déraper dans les virages. Tandis que les skis paraboliques actuels permettent de skier en carving (ou ski coupé), en s'inclinant pour faire de grandes courbes. Plus confortable pour les débutants, cette technique est aussi appréciée des skieurs confirmés, car elle accentue les sensations de glisse !

• **Matériel :** le ski est légèrement plus court que la taille du skieur. La chaussure, très rigide, tient au ski avec deux fixations. Les bâtons arrivent à hauteur du coude.

ET AUSSI…

• Le MONOSKI : en quelque sorte ancêtre du snowboard, il se pratique sur une planche large avec les pieds placés côte à côte, dans le sens de la planche, et en s'aidant de bâtons.

Virage

Chasse-neige

LE SNOWBOARD

Ce croisement du ski avec le surf ou le skateboard s'est développé dans les années 1980. Il existe plusieurs types de planches, en fonction du type de glisse (alpin, freeride, freestyle…). Le snowboardeur se tient de profil, avec les pieds orientés suivant différents angles. Quand on débute, il est conseillé d'avoir fait un peu de ski, pour l'équilibre, et de commencer sur une pente faible avec une neige non damée. La confiance vient vite, et le plaisir aussi !

• **Matériel :** pour débuter, on conseille une planche plutôt courte, avec les extrémités plus larges. Les boots (chaussures) tiennent par deux fixations chacune, comme pour le ski alpin. Pas besoin de bâtons, car l'équilibre est donné par le corps, qui doit rester très souple.

LE TÉLÉMARK

Cette technique est considérée comme la référence du « savoir-skier ». Inventé en 1868 par Sondre Norheim, un menuisier de Norvège, le télémark se reconnaît à la façon de tourner, en fléchissant la jambe intérieure. Le secret de ce geste ? Une fixation unique à l'avant, qui laisse le talon libre. Plus physique que le ski alpin, le télémark est aussi plus difficile à maîtriser, mais il offre la plus grande variété de techniques.

• **Matériel :** il existe des skis spécifiques, mais on peut aussi adapter des skis alpins pour le télémark. Les chaussures, bien plus souples, ont un « bec » à l'avant pour la fixation. Les bâtons sont petits, mais certains en utilisent un seul très long.

• Le SKWAL : inventée en 1992, cette planche plus étroite se dirige sans bâtons, avec les pieds placés l'un devant l'autre, dans le sens de la planche. Très élégant, il permet des virages faciles.

• Les SNOWBLADES : lancés en 1997 par Salomon, ces skis très courts (60 à 90 cm) sont faits pour glisser sans bâtons. Très pratiques pour les figures, ils sont assez difficiles à contrôler.

LES AUTRES STYLES de SKI

Il y a aussi une vie en dehors des pistes ! Ces styles de ski-là sont faits pour ceux qui aiment les grands espaces… À condition de ne pas pratiquer n'importe comment et n'importe où.

LE FREERIDE

Pour se faire plaisir, un bon skieur s'aventure parfois hors des pistes. Le vrai « rider », lui, n'aime skier que loin des domaines aménagés, à la recherche d'un bon « spot », là où la neige est vierge, même s'il faut grimper d'abord à pied. Exigeant physiquement, ce type de ski exige aussi de bien connaître les règles de sécurité en montagne, d'être équipé de matériel de secours, et de ne jamais partir seul !

• **Matériel :** les skis favoris des freeriders sont appelés « fats » : plus larges au niveau du patin, ils permettent une meilleure portance sur la neige épaisse.

LE SKI DE RANDONNÉE NORDIQUE

C'est la version actuelle du ski tel qu'il fut inventé autrefois. Adapté à la moyenne montagne, il permet de se promener dans les espaces vierges, en montée comme en descente. À cet effet, les fixations permettent de libérer le talon pour pouvoir grimper, tandis que les skis sont équipés d'un système anti-recul. À la descente, on peut utiliser au choix la technique du télémark ou celle du ski alpin.

• **Matériel :** les skis, munis de cares métalliques, ont une largeur intermédiaire entre le ski de fond et le ski alpin. Les chaussures légères permettent la flexion naturelle du pied.

ET AUSSI…

• Le SNOWKITE : à skis ou en snowboard, on utilise une voile pour se propulser sur la neige. Suivant la force du vent, on peut atteindre 70 km/h : sensations garanties !

• Le SPEED RIDING : il combine le ski et le parapente. Le principe est d'alterner des phases de vol avec des phases de glisse. Il permet aussi de nombreuses acrobaties.

• Le SKI JOËRING : le skieur utilise un cheval ou un attelage de chiens pour se faire tracter. Ce moyen de locomotion existait déjà en Scandinavie il y a près de 5 000 ans…

Le pas du patineur

LE SKI DE FOND

Issu du ski nordique, c'est une variante sportive qui se pratique sur des pistes à faible pente et sur de la neige damée. Dans la technique traditionnelle, le « pas alternatif », le skieur utilise des skis avec des écailles ou un fart de retenue qui accrochent bien la neige, et avance dans 2 traces parallèles. L'autre technique est celle du « pas de patineur », où l'on utilise des skis lisses en avançant comme en roller ou en patin à glace. Le ski de fond est un sport très fatigant qui demande beaucoup de puissance respiratoire et de résistance.

• **Matériel :** les skis de fond sont longs et très étroits. Les chaussures sont basses et souples, et fixées seulement à l'avant du pied.

Quand on pratique le ski de fond, pas besoin de remontées mécaniques. De nombreuses stations entretiennent un « domaine nordique », avec des pistes enneigées et damées : pour l'utiliser, il faut payer un petit forfait.

Le pas alternatif

LE MONDE du FREESTYLE

D'un côté, il y a le ski acrobatique « officiel » avec ses épreuves très codifiées. Et de l'autre, le « freestyle », où c'est la beauté de la figure qui compte. Mais tout n'est pas si séparé dans un monde qui évolue très vite !

LE SNOWPARK

Chaque station importante en possède un. Créé à l'origine pour les snowboarders, cet espace spécialement aménagé est désormais ouvert à tous les engins de glisse, pour le plaisir des « freestylers ». Le casque y est obligatoire !

MATÉRIELS ET FIGURES

Les skis ou les snowboards freestyle sont plus courts que les standards, plus souples aussi, avec des spatules très recourbées à l'avant et à l'arrière, pour aborder l'obstacle de manière stable dans n'importe quel sens.

Les freestylers appellent les figures des « tricks ». Il en existe des dizaines, comme le « grab », quand on saisit ses skis en vol, le « switch », un saut en marche arrière. Mais le top, c'est de réussir un « combo », une combinaison originale !

LE SKI DE BOSSES

Depuis 1992, cette discipline olympique se pratique sur une piste de 250 m de long, recouvertes de bosses mesurant 1 m de haut et de deux tremplins plus hauts. Elle est aussi à l'origine de la naissance du freestyle, dont certaines épreuves deviendront à leur tour olympiques ! Il faut aller vite sur les bosses, et réaliser des sauts acrobatiques sur les tremplins.

LE HALF-PIPE

Comme son nom (demi-tuyau) l'indique, il est constitué de deux longs murs de neige de forme arrondie qui se rejoignent à la base. Grâce à la vitesse générée par le passage dans cet étroit canyon, le rider peut enchaîner des figures à un rythme d'enfer, pour le grand bonheur des spectateurs. Les bords s'élèvent à 5 m de hauteur, et jusqu'à 7 m pour un « superpipe ».

LE SLOPESTYLE

Ici, le rider évolue sur un terrain fait de plusieurs modules (les boxes) ponctué de nombreux obstacles en neige (tremplins, bosses) ou en métal (barres, rampes). Le but, comme au skate-board, est de réussir à enchaîner les figures les plus acrobatiques possible. Depuis 2014, le slopestyle est discipline olympique !

LE BIG AIR BAG

Ce coussin géant (15 x 9 m) est installé au pied d'une piste d'élan très raide, juste après un tremplin. Il permet de sauter à skis, en snowboard, ou avec n'importe quel engin sans moteur. Durant le temps de « vol », on peut effectuer des figures spectaculaires, avant de retomber en douceur ! C'est l'endroit idéal pour tenter de nouveaux tricks !

LE SKICROSS

Cette course très spectaculaire est aussi discipline olympique. Le principe ? Quatre concurrents s'élancent en même temps, le long d'une piste de 600 m, pour se disputer la première place à l'arrivée. Au programme : sauts, virages relevés et bosses !

ET SI ON NE FAIT PAS de SKI ALPIN ?

Plus de 15 % des visiteurs d'une station de sports d'hiver ne font pas de ski ! On peut aussi être skieur et avoir envie d'essayer autre chose. Ça tombe bien, les stations fourmillent d'idées d'activités !

GLISSER SUR LA GLACE

De nombreuses stations sont équipées d'une patinoire, d'intérieur ou d'extérieur : 30 cm d'eau gelée suffisent… L'idéal, comme à Tignes, c'est de glisser sur un vrai lac ! On peut y faire simplement des tours de piste, ou en profiter pour s'initier au patinage artistique, au hockey sur glace ou au curling.

MARCHER SUR LA NEIGE

Près de 3 millions de Français font de la raquette régulièrement. Ces « chaussures de neige », en matériau dur (plastique, métal ou bois), sont légères et faciles à utiliser. Le bonheur, c'est de marcher sans fatigue sur la neige fraîche en l'entendant crisser sous les pieds. Mais par prudence, mieux vaut suivre les chemins balisés…

SE PRENDRE POUR UN TRAPPEUR

De plus en plus de stations proposent des excursions en traîneau à chiens. Suivant la taille de l'attelage, on se laisse simplement tirer, ou bien on apprend soi-même à conduire la meute comme un vrai « musher ». Dans tous les cas, c'est une vraie rencontre, avec la nature et ces chiens très attachants.

Le snowkite

ET ENCORE...

Dans certaines stations, on peut faire des balades en motoneige, du karting sur glace, un tour de nuit en dameuse ou partir à l'aube ouvrir les pistes avec les pisteurs... Les visiteurs plus courageux peuvent même parfois plonger dans des lacs gelés, sous 80 cm de glace, dans une eau à 2 °C. Un monde féerique, à découvrir bien sûr avec une combinaison et en toute sécurité !

TOUT CE QUI GLISSE...

Certaines zones de la station sont réservées aux luges et à leurs dérivés. L'occasion d'essayer quelques-uns de ces drôles d'engins !

- Les LUGES les plus simples peuvent être en forme de tapis, de soucoupe ou de « pelle à neige » avec une poignée.
- L'AIRBOARD est une luge gonflable sur laquelle on s'allonge sur le ventre : on la guide en déplaçant le poids du corps.
- Le SNOW TUBE, sorte de grosse bouée, se pratique sur une piste spéciale, avec des virages relevés. On s'assoit au milieu, et on se laisse glisser !
- Le SNAKE GLISS est fait de luges individuelles, toutes identiques, qui s'accrochent les unes aux autres. Plus le « serpent » est long, plus c'est amusant !
- Le YOONER est une petite luge à un seul patin, avec un siège et une suspension. Il est léger, maniable et confortable.
- Le SKIBOB est une sorte de vélo avec des petits skis à la place des roues. Il est facile à maîtriser, sans danger et très amusant !
- Le SNOWSCOOT est un vrai sport de glisse, qui est accepté sur les mêmes pistes que le ski. On se tient debout, et on se sert du guidon pour orienter la planche avant.

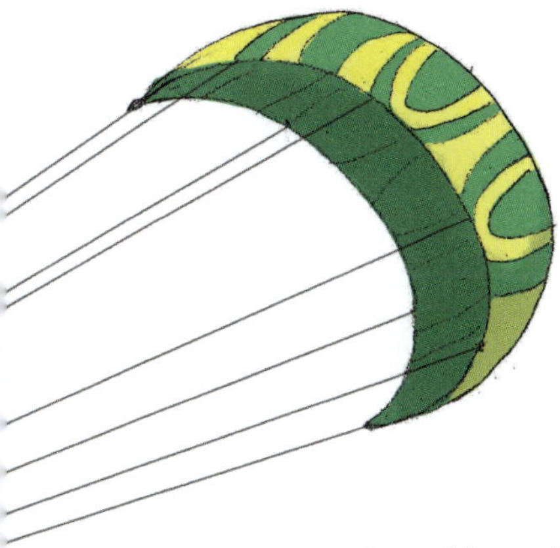

Les chiens de traîneau

Le snowscoot

LES MÉTIERS du SKI

Le secteur des sports d'hiver représente près de 20 % du tourisme en France. La plupart des employés sont bien sûr saisonniers, et beaucoup d'entre eux exercent un autre métier en été.

UNE GROSSE « MACHINE »

Un domaine skiable est une entreprise publique ou privée. Certains y travaillent toute l'année, comme les responsables techniques, le personnel administratif, les « shapers » qui conçoivent les snowparks, les employés du service de l'office de tourisme… Mais ils représentent moins de 10 % des effectifs nécessaires en pleine saison !

CHOUCHOUTEURS DE PISTES

Toute la nuit, les dameurs s'activent sur les pistes, tandis que des techniciens entretiennent les remontées mécaniques ou actionnent les canons à neige… Dès 6 heures, arrivent les pisteurs, qui testent les pistes et vérifient que le balisage et les filets de sécurité sont en place. Si nécessaire, les artificiers déclenchent aussi des avalanches préventives.

AU SERVICE DU PUBLIC

À l'ouverture du domaine, les employés des remontées rejoignent leur poste. Ces « perchistes » vérifient les forfaits, facilitent le passage du public et interviennent aussitôt en cas d'incident. De leur côté, les pisteurs circulent sur le domaine pour surveiller les skieurs et les secourir en cas d'accident. Certains sont aussi des maîtres-chiens, prêts à intervenir en cas d'avalanche.

LES MONITEURS DE SKI

Skieurs passionnés, ces travailleurs indépendants ont souvent commencé par faire de la compétition, avant d'obtenir le diplôme d'État, de très haut niveau, qui permet d'enseigner. La plupart travaillent pour une école comme l'École du ski français (ESF) ou l'École de ski internationale (ESI). D'autres sont à leur compte, ou sont salariés par un organisme comme l'UCPA (Union nationale des centres sportifs de plein air).

UNE MINIVILLE

Dans la station, la plupart des saisonniers travaillent pour des établissements privés : hôtels, restaurants, commerces… Peu sont en contact direct avec le ski, sauf le « skiman », qui loue le matériel dans un magasin. Il est aussi celui qui vérifie et entretient le matériel, règle les fixations et conseille les skieurs. Les jours d'arrivée, quand il y a foule, il sait trouver le matériel adéquat pour chacun, avec le sourire en plus !

DOCU+

DICO
DAMAGE

Ce traitement rend la neige plus durable et facile à skier. Après l'avoir aplanie et compactée, la dameuse utilise un rouleau denté (fraise) qui chasse l'air, puis creuse des sillons dans la neige pour augmenter la surface en contact avec l'air froid, et donc empêcher le manteau neigeux de se dégrader trop vite.

LE CHIFFRE
18 000

Le nombre de salariés employés directement par les 250 domaines skiables de France. Mais en tout, on estime à 120 000 le nombre d'emplois qui dépendent de l'économie des sports d'hiver.

MINIQUIZ
VRAI OU FAUX ?

A • Le nivoculteur choisit les niveaux de difficulté des pistes.
B • Les moniteurs de ski se reconnaissent à leur combinaison jaune.
C • Le guide de haute montagne travaille surtout en hiver.

(Réponses p. 139)

DEVENIR CHAMPION(NE) de SKI

Quand on aime vraiment skier, on est parfois content de se mesurer aux autres. Et pourquoi ne pas tenter carrément de faire de la compétition ?

BIENVENUE AU CLUB !

Tout commence par l'inscription dans un club de ski affilié à la Fédération française de ski (FFS). On y souscrit sa « licence carte neige », qui peut être une simple licence loisir ou une licence compétiteur. Avec les autres membres, on participe à diverses sorties pour une journée ou un week-end, à des stages ou à des petites compétitions…

TESTS ET MÉDAILLES

Pour mesurer ses progrès, rien de tel que de passer les niveaux délivrés par l'ESF. Pour les enfants, il y a dans l'ordre : l'ourson, le flocon, les 1re, 2e et 3e étoiles, l'étoile de bronze et l'étoile d'or. Ensuite, on entre dans la catégorie « performance », avec par exemple la flèche (slalom géant en 2 manches), le chamois (slalom spécial) ou la fusée (descente avec 15 à 20 portes). Ces médailles existent en 4 niveaux (bronze, argent, vermeil, or) suivant le temps réalisé.

Pour débuter la compétition en club, voici le niveau minimum recommandé :

- 8/10 ans : ski d'or ou étoile d'or
- 11/12 ans : fléchette ou cabri
- 12 ans et + : flèche de bronze ou chamois de bronze

ourson

flocon

1re étoile

2e étoile

3e étoile

étoile de bronze

étoile d'or

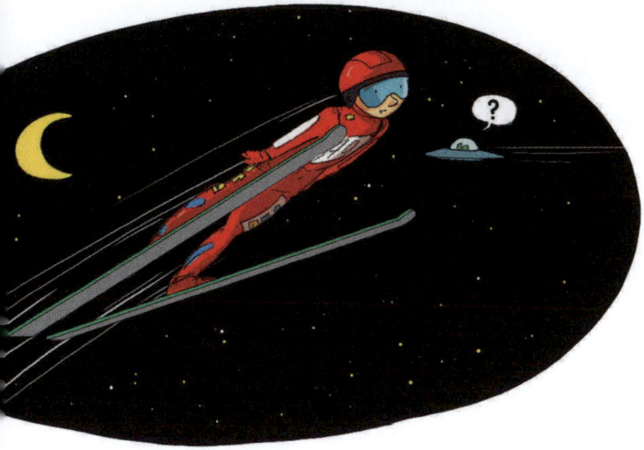

COURSE APRÈS COURSE

Chaque week-end, la FFS organise des grands prix qui permettent aux licenciés de se confronter, par catégories, aux skieurs de différentes stations. En fonction de son âge, et à partir d'un certain niveau, on peut participer aux épreuves nationales de l'ESF, comme l'Étoile d'Or (11-14 ans), le Ski d'Or (+ de 13 ans), le Coq d'Or, le Nordic Skiercross…

LE HAUT NIVEAU

Quand on réalise régulièrement de bonnes performances, et qu'on a envie d'aller plus loin, il est possible de soumettre un dossier d'admission dans une classe de ski-études, où l'on est généralement pensionnaire. À ce stade, on commence vraiment à « vivre ski », mais il faut s'accrocher, car la sélection est rude !

LES GRANDS CHAMPIONNATS

Chaque année, durant toute la saison, se déroulent des épreuves de la coupe d'Europe de ski alpin. C'est là que débutent en général les jeunes skieurs promis au circuit « pro ». Il existe ensuite plusieurs types de compétitions internationales, dont les plus fameuses sont les Jeux olympiques, qui se déroulent tous les 4 ans, et les championnats du monde, qui ont lieu tous les 2 ans (les années impaires).

DOCU+

DICO
FIS

La Fédération internationale de ski, créée en 1924, chapeaute aujourd'hui 107 fédérations dans le monde et organise toutes les compétitions à l'échelle internationale.

LE CHIFFRE
50 000

C'est le nombre, en France, de possesseurs d'une licence « carte neige compétiteur ». Elle coûte environ 90 € pour l'année, assurances comprises, et offre de nombreux avantages autour de son sport favori !

MINIQUIZ
VRAI OU FAUX ?

A • Un enfant peut chausser des skis dès qu'il tient debout, vers 1 an.
B • Le port du casque est obligatoire en compétition.
C • Il existe des compétitions de ski pour handicapés.

(Réponses p. 139)

LES JEUX OLYMPIQUES d'HIVER

Ils réunissent tous les 4 ans plusieurs centaines d'athlètes (près de 3 000 à Sotchi, en 2014) qui rêvent d'écrire une page d'histoire pour eux et pour leur pays. Connais-tu toutes les disciplines ?

SKI ALPIN

Il compte 5 épreuves : descente, slalom, slalom géant (aux virages moins serrés), Super-G (en 1 manche, entre descente et slalom) et super combiné (en 2 manches, avec descente puis slalom).

SKI DE FOND

Ses 4 épreuves sont le sprint (avec une finale à 4 concurrents), le sprint par équipes, la poursuite (tous les concurrents partent ensemble) et le relais.

COMBINÉ NORDIQUE

Il combine saut à skis et ski de fond, et se dispute de 3 façons : en individuel, en sprint individuel et par équipes.

LE BIATHLON

D'origine militaire, il combine le ski de fond avec le tir à la carabine. Il est divisé en plusieurs épreuves dont le sprint, la poursuite et le relais.

SAUT À SKIS

Il se réalise en 2 manches soit en tremplin individuel, avec 2 sauts pour chaque skieur, soit par équipes, où 4 skieurs sautent chacun 2 fois en essayant de récolter un maximum de points, pour la distance réalisée et le style du saut.

SKI ACROBATIQUE

Appelé aussi ski freestyle, il compte, depuis 2014, 5 épreuves : les bosses, le saut acrobatique (ou tremplin), le skicross, le slopestyle et le half-pipe.

SNOWBOARD

Il se dispute en 4 épreuves : le half-pipe, le slalom géant parallèle (2 surfeurs s'affrontent côte à côte), le slopestyle et le snowboard cross (4 concurrents descendent ensemble).

BOBSLEIGH, LUGE ET SKELETON

En bobsleigh, les 2 ou 4 équipiers poussent le traîneau, puis sautent dedans pour dévaler la piste de 1 800 m de glace, à parfois plus de 150 km/h. Sur le même circuit se disputent le skeleton, où le concurrent descend à plat ventre sur une planche, tête en avant, et la luge, où le lugeur se tient allongé dessus sur le dos, pieds en avant.

LE CURLING

Sur la glace d'une patinoire, on lance une « pierre » ronde de 20 kg munie d'une poignée, en essayant de lui faire atteindre le centre d'une cible appelée la maison. Le curling est parfois nommé « pétanque sur glace ».

LE HOCKEY SUR GLACE

Les joueurs essaient, au moyen d'une crosse, d'envoyer un palet en caoutchouc dans le but adverse. Casques et cuirasses obligatoires, car le palet peut atteindre 180 km/h !

LE PATINAGE

Le patinage artistique, en individuel ou en couple, est noté par des juges. En patinage de vitesse, les coureurs s'affrontent 2 par 2 en tournant sur une piste de 400 m. En patinage de vitesse sur piste courte (short-track), 4 à 6 patineurs courent en même temps sur une piste de 111 m.

DOCU+

DICO

FLAMME OLYMPIQUE

Avant l'ouverture des Jeux, elle voyage autour du monde. En 2014, 14 000 porteurs se sont relayés pour lui faire franchir 65 000 km en 123 jours, jusqu'à Sotchi, en passant par le pôle Nord et même la Station spatiale internationale !

LE CHIFFRE

329

C'est le nombre record de médailles (118 or, 111 argent et 100 bronze) remportées par une nation, la Norvège, entre 1924 et 2014. Avec 109 médailles (31, 31 et 47), la France se situe à la 13e place.

MINIQUIZ

VRAI OU FAUX ?

A • Les JO d'hiver se déroulent forcément dans l'hémisphère Nord.
B • Les médailles d'or ne sont pas vraiment en or.
C • Le skieur Jean-Claude Killy a remporté 3 titres olympiques en 1978 à Grenoble.

(Réponses p. 139)

LES PAGES JEUX ET ACTIVITÉS

MODE D'EMPLOI

Les jeux sont classés par difficultés comme les pistes :

PISTE VERTE — Piste verte : facile

PISTE BLEUE — Piste bleue : moyen

PISTE ROUGE — Piste rouge : difficile

PISTE NOIRE — Piste noire : très difficile

LE PLAN de la STATION

LABYRINTHE

Quel chemin doit emprunter Manon pour retrouver Tom ?
Elle doit porter sa luge dans 4 escaliers et traverser
9 passages piétons sans passer deux fois
au même endroit. Interdit de passer par les

OBSERVATION

Retrouve ce détail dans l'image ainsi que les 7 bonhommes de neige cachés.

EN CLASSE de NEIGE

PISTE ROUGE

CODE SECRET

Chaque enfant doit écrire une petite carte à ses parents. Que raconte aux siens ce farceur de Matéo ? À toi de le déchiffrer en t'aidant du code secret.

X = A	G = J	P = S
Y = B	H = K	Q = T
Z = C	I = L	R = U
A = D	J = M	S = V
B = E	K = N	T = W
C = F	L = O	U = X
D = G	M = P	V = Y
E = H	N = Q	W = Z
F = I	O = R	

PISTE BLEUE

DÉDUCTION

Zut, le professeur a oublié le nom du chalet où les enfants doivent loger ! Mais il sait que celui-ci a une réserve de bois, au moins deux cheminées, au moins deux terrasses et/ou balcons et une antenne de télévision. Aide-le à le retrouver !

ZLRZLR IBP
MXOBKQP !
IB ZEXRCCBRO AR
YRP P'BPQ
QOLJMB ! KLRP
KB PLJJBP MXP BK
ZIXPPB AB JBO, JXFP
XR PHF ! G'XF QOLM
COLFA BK JXFIILQ
AB YXFK !
XR PBZLROP !

LA BOUTIQUE de LOCATION

LOGIQUE

On va voir si tu es bon en calcul… Aide Tom à calculer le prix d'une paire de gants.

- Multiplie les faces d'un dé par celles d'un cube.
- Ajoute au résultat l'âge légal pour voter.
- Soustrait du résultat le nombre de tes orteils.
- Divise le résultat par 4, puis ajoute 2 et enlève 4.
- Multiplie le résultat par les côtés d'un carré.

Voilà : tu connais le prix des gants en euros !

GAUCHE/DROITE

Quel bazar ! En déballant un carton de gants de ski, Tom en a fait tomber plusieurs. Aide-le à reformer les paires et trouve le gant orphelin…

PISTE VERTE

COLORIAGE

Quand on est bon skieur, on a envie que son équipement reflète sa personnalité et ses goûts. À toi de jouer pour créer tes modèles… En attendant de les reproduire pour de vrai ?

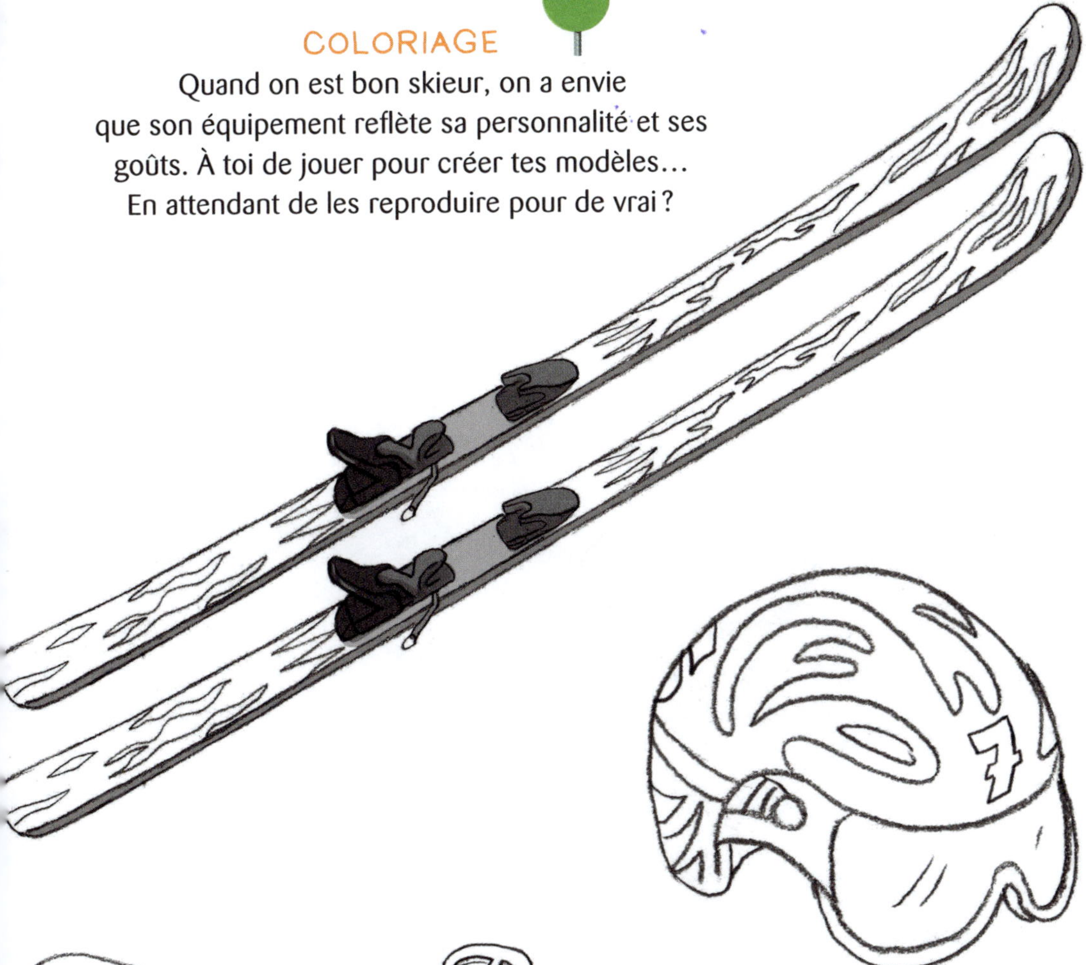

SUR les PISTES

JEU DE PISTE

Ce skieur teste un nouveau parcours de slalom. Aide-le à trouver son chemin jusqu'au chalet de Manon, en ramassant le maximum de drapeaux, mais sans passer deux fois au même endroit !

ORIENTATION

Tom doit rejoindre Manon.

Pour cela, il doit emprunter une piste bleue puis une verte, une rouge, une verte, une rouge, une bleue puis enfin une verte. Trace son circuit !

INTRUS

Un artiste s'est amusé à répartir dans la station 4 statues d'animaux et plantes exotiques qui n'auraient rien à faire à la neige. Trouve-les tous !

AVEC les PISTEURS

TEXTE À TROUS

Deux fois par jour, les pisteurs relèvent différentes mesures pour établir une météo des neiges précise. Ce matin, celui-ci n'est pas très réveillé. Aide-le à retrouver ce qu'il doit mesurer !

1 – la ..Présence.. de nuages
2 – la ..direction.. du vent
3 – la ..température.. et l'..humidité.. de l'air
4 – la ..Quantité.. des chutes de neige
5 – le ..type.... de grains de neige
6 – l'..épaisseur.. du manteau neigeux.

A – Humidité
B – Épaisseur
C – Présence
D – Quantité
E – Température
F – Direction
G – Type

PISTE VERTE

FILS EMMÊLÉS

Ici, le pisteur artificier a décidé de déclencher une avalanche préventive. Les bâtons de dynamite doivent exploser dans l'ordre 1, 2 et 3. Pour cela, dans quel ordre doit-il actionner les détonateurs ?

PISTE ROUGE

DOMINO

Quand le vent ou la pluie arrivent, gare aux avalanches ! Deux sortes de neige sont concernées par ce phénomène : pour savoir lesquelles, intercale les blocs de lettres aux bons endroits.

LES REMONTÉES MÉCANIQUES

PISTE BLEUE

MOTS CACHÉS

Le téléski ou « tire-fesses » est la plus simple des remontées. Combien de fois Lucas l'a-t-il emprunté aujourd'hui ? C'est simple : autant de fois que le mot TÉLÉSKI figure dans cette grille, de gauche à droite ou de droite à gauche, de haut en bas ou de bas en haut…

P	T	K	Q	L	I	K	S	E	L	E	T
L	I	K	S	E	L	E	T	B	A	T	E
S	K	T	E	L	E	S	K	I	S	E	L
A	N	E	O	T	B	R	E	L	K	S	E
I	M	L	T	E	L	E	S	K	I	O	S
K	A	E	K	L	Q	T	S	K	E	A	K
S	P	S	T	E	L	E	S	K	I	R	I
E	V	K	A	S	X	K	I	R	E	P	S
L	O	I	R	K	S	K	I	S	K	I	L
E	S	S	I	I	K	S	E	L	E	T	O
T	E	L	E	S	K	I	V	S	E	P	K
U	R	I	K	S	E	L	E	T	N	K	I

ENGRENAGE

Il est 9 heures, le télésiège va ouvrir… Des skieurs patientent déjà pour profiter des pistes fraîchement damées… Mais l'employé doit-il tourner la manette dans la direction A ou B pour actionner le mécanisme dans le bon sens ?

RÉBUS

Que raconte donc ce skieur à son voisin de télécabine ? Décode le rébus pour le savoir !

BATAILLE DE BOULES DE NEIGE

PISTE BLEUE

JEU DES 7 ERREURS

7 erreurs se sont glissées dans
l'image de la page de droite.
À toi de les repérer !

LOGIQUE

Tu aimes les multiplications ? Ça tombe bien !
Relie chaque boule numérotée de la page de gauche à son double page de droite.

LES MOTS du SKI

MOTS CROISÉS

En 1946, ouvrait en France la première station entièrement consacrée au ski. Quel est son nom ? Ta connaissance de la montagne t'aidera à compléter la grille.

1 – Montagne pointue
2 – Il tape plus fort en altitude
3 – Petit véhicule monté sur patins
4 – Groupe d'alpinistes attachés entre eux
5 – Masse de neige qui se détache d'une montagne
6 – Capriné aux cornes courtes
7 – Le ski est un sport de… ?
8 – Plaque de neige persistante qui se transforme en glace
9 – Quand on est petit, on est fier d'obtenir sa première…
10 – Ce Français remporta 3 médailles d'or aux JO de Grenoble en 1968

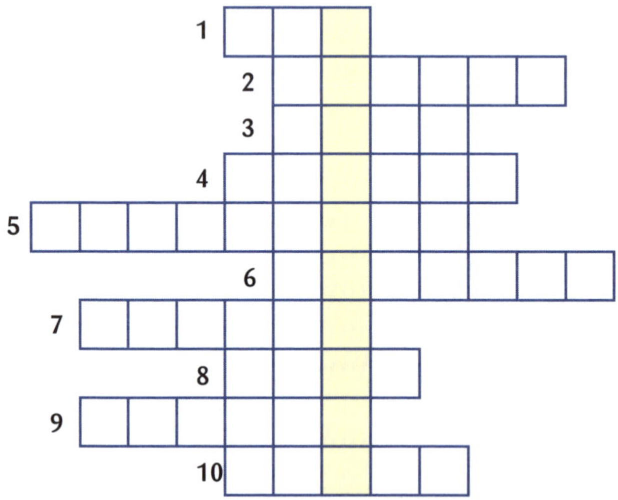

A	I	A	B	N	O	H	C	I	L	E	L	E	C	A	P
Z	G	T	I	G	N	E	S	T	R	A	Q	N	O	Z	R
N	E	P	S	T	C	V	K	T	A	N	O	R	I	I	S
E	U	R	E	P	E	J	E	M	E	R	I	B	E	L	J
S	E	R	S	R	E	U	L	O	C	A	I	M	E	E	D
A	T	C	O	E	O	V	A	L	L	O	I	R	E	O	I
M	A	U	U	O	T	B	A	C	I	A	S	S	F	I	N
I	R	L	J	A	V	O	R	I	A	Z	J	I	R	L	E
N	E	O	M	U	R	B	A	R	E	G	E	S	P	L	A
T	E	L	P	M	I	N	N	D	A	E	P	R	I	N	T
E	M	O	R	Z	I	N	E	A	C	V	A	A	S	Q	U
M	E	N	T	A	R	E	S	G	O	U	R	E	T	T	E
D	P	O	S	B	I	C	P	R	I	L	E	R	E	H	E
E	R	L	S	U	P	E	R	B	A	G	N	E	R	E	S
E	T	O	O	C	I	T	O	R	N	A	C	L	O	R	S
R	N	U	N	H	R	A	T	U	V	A	L	O	C	R	A

MOTS CACHÉS

Dans cette grille sont cachés les noms de 8 stations de ski françaises. Commence par les dénicher toutes, puis distingue les 5 stations des Alpes et les 3 stations des Pyrénées…

Un indice : elles sont toutes écrites de gauche à droite.

CÉKOISSA?

Voici les définitions de 12 mots en rapport avec le ski. Sauras-tu deviner ceux dont il s'agit ?

1 – Partie avant du ski, de forme légèrement relevée.
2 – Descente rapide, tout droit dans le sens de la pente.
3 – Position des skis en V pour freiner une descente.
4 – Technique de descente, en enchaînant des virages courts et serrés.
5 – Phénomène météo où l'on ne distingue plus la différence entre neige et ciel.
6 – Partie de la montagne qui se situe au-dessus du skieur.
7 – Type de neige surnommée « peuf » ou « powpow ».
8 – Partie arrière du ski.
9 – Bandes de métal sur les côtés du ski.
10 – Mécanisme servant à maintenir la chaussure sur la planche.
11 – Descente sinueuse, en faisant des virages.
12 – Partie du ski au contact de la neige.

UN TOUR au SNOWPARK

OBSERVATION

Chacun de nous place un pied naturellement en avant. Pour connaître ton propre sens, fais le test : prends de l'élan et dérape sur le sol. As-tu le pied gauche ou le pied droit en avant? Entoure en rouge tous les skieurs sur le boarder cross qui sont regular (pied gauche en avant) et en bleu ceux qui sont goofy (pied droit en avant).

JEU D'OMBRE

Quel saut ! Seule une ombre correspond au snowboarder en train de faire une figure dans l'aire du Big Air. Sauras-tu la retrouver ?

MOTS MÉLANGÉS

Furieux d'être dérangé, ce chamois a brisé le panneau indiquant le nom de 4 zones du snowpark. Reconstitue-les à partir des 9 morceaux !

SKIER comme L'ÉCLAIR

TRACES EMMÊLÉES

Ces quatre concurrents se sont élancés ensemble du haut de la piste. Ils ont beaucoup tourné et viré, et leurs traces sont entrecroisées. Saurais-tu donner l'ordre d'arrivée de la course ?

Pour un meilleur •, je porte un • en forme de •, et des • derrière les •. Dès le •, sur une pente à 45 •, je passe de 0 à 200 • en 6 •, comme une • 1. La piste mesure • de long, mais la • est calculée sur les 100 • mètres. En • l'air à cette vitesse, je fais un • d'• de chasse !

TEXTE À TROUS

L'Italien Simone Origone détient le record de vitesse à ski, avec 252,63 km/h. Que te précise-t-il ? Replace les mots manquants !

MOTS À RANGER

- 850 mètres
- Aérodynamisme
- Ailerons
- Avion
- Bruit
- Casque
- Cône
- Degrés
- Départ
- Derniers
- Fendant
- Formule
- Km/h
- Mollets
- Secondes
- Vitesse

JEU D'OMBRES

251,5 m : c'est le record actuel du plus long saut à ski. Ce skieur-là n'aura pas la chance de le battre. Sauras-tu retrouver à quelle distance il a terminé son saut ?

DESCENTE aux FLAMBEAUX

PISTE VERTE

BULLES MÉLANGÉES

Rends à chacun sa bulle dans ce joyeux bazar !

OBSERVATION

Dès la fin de la descente, un photographe propose d'acheter une photo souvenir. Mais trop pressé, il a mélangé les images avec d'autres de l'année précédente. Lesquelles correspondent réellement à la scène ?

NUMÉRATION

Cette agitation a tiré des chauves-souris de leur hibernation. Combien en comptes-tu sur l'image ?

QUEL SKIEUR es-tu ?

QUESTIONNAIRE

Teste ton niveau de ski en choisissant la réponse qui semble le mieux te définir comme skieur :

Prendre le téléski

a) Tu es maintenant à l'aise.
b) Tu ne te souviens plus pourquoi tu tombais tout le temps au début.
c) Le tire-fesses reste ta bête noire.

Savoir s'arrêter

a) Tu maîtrises bien chasse-neige et dérapage.
b) Le dérapage n'a plus de secret pour toi.
c) Tu es le pro du chasse-neige.

Tourner

a) Tu dessines de belles et larges courbes sur la piste.
b) Tu godilles avec élégance.
c) Tu ne tournes pas encore en skis parallèles.

Sauter

a) Tu repères la moindre bosse sur le côté de la piste pour faire un petit saut.
b) Tu enchaînes les figures.
c) Cela t'arrive, mais cela se termine généralement mal.

Types de pistes

a) Tu aimes les difficultés des pistes rouges.
b) Les pistes noires ne te font pas peur.
c) Le vert et le bleu sont tes couleurs préférées.

CHARADE

Mon premier est un des éléments qui composent les langues
Mon deuxième est une forme de négation
Mon troisième est une façon écologique de traiter les déchets
Mon quatrième est le son de la 19e lettre de l'alphabet
Mon tout désigne celle qui peut t'aider à progresser.
Qui suis-je ?

N	F	E	A	T	N	E	G	R	A	B
B	O	U	R	S	O	N	V	P	I	L
N	O	I	R	E	H	C	E	L	F	E
M	M	E	T	R	E	V	R	U	L	U
E	O	S	K	I	W	S	X	G	O	S
L	M	O	N	I	T	E	U	R	C	I
I	Z	R	O	U	G	E	D	F	O	O
O	E	P	U	O	C	I	P	A	N	M
T	E	L	L	I	A	D	E	M	I	A
E	G	E	Z	N	O	R	B	U	O	H
P	I	S	T	E	U	I	R	B	A	C

MOTS CACHÉS

Trouve où sont cachés les mots suivants dans la grille :

Argent
Bleu
Bronze
Cabri
Chamois
Compétition
Coupe
Étoile
Flèche
Flocon
Fusée
Médaille
Moniteur
Noir
Ourson
Piste
Rouge
Ski
Vert

LA SOIRÉE RACLETTE

ANOMALIES

PISTE BLEUE

Bizarre... Cette soirée-là n'est décidément pas tout à fait comme les autres... Trouve les 6 anomalies qui se sont glissées dans la scène.

PISTE BLEUE

LOGIQUE

Marc, Marianne, Martin et Marie : le groupe d'amis se prépare à passer commande. Mais qui a le plus faim ? Aide-les à se classer...

PISTE ROUGE

LETTRES MÉLANGÉES

Pour le dessert, la crêperie propose un grand choix de confitures faites maison. Rassemble les étiquettes 2 par 2 pour retrouver les 8 fruits disponibles, en éliminant la syllabe intruse.

JEUX de PLEIN AIR

JEU DES 7 ERREURS

Cette famille construit un igloo. Lorsque le dessinateur a voulu reproduire la scène, 7 erreurs se sont glissées. Retrouve-les.

MINI CURLING

Tu as trouvé une flaque gelée ? Fais-en un super-jeu ! Trace 3 cercles sur la glace avec un objet pointu. Celui du centre vaut 3 points, celui du milieu 2 points, le dernier 1 point. Chacun lance 10 petits cailloux en les faisant glisser…
Pour t'entraîner, calcule le score des 3 joueurs, Bleu, Vert et Rouge (sachant que Rouge lance le dernier caillou et qu'il va rater la cible).

LOGIQUE

Comme chaque année, la station de Valmontaz a organisé un concours de bonhommes de neige. Lequel a remporté le premier prix ? C'est le seul à avoir une écharpe rouge, une expression qui sourit mais pas de nez en carotte, au moins deux boutons jaunes et plus d'un gant blanc !

LA SCIENCE des NEIGES

EXPÉRIENCE

Impossible de skier aujourd'hui ? C'est le moment de te découvrir une vocation scientifique. Déclenche une mini-avalanche… dans un verre de lait !

Il te faut

- Une bassine
- Une petite planche de verre ou de plastique
- Un verre de lait
- Une cuillère à soupe de sel
- De l'eau tiède

1. Verse le sel dans le lait, mélange bien, et laisse le mélange refroidir pendant au moins une heure au réfrigérateur ou dehors.
2. Remplis la bassine d'eau tiède. Pose dedans la petite planche appuyée sur le bord, formant une pente qui descend dans l'eau.
3. Verse doucement le lait en haut de la planche. Il descend… et dans l'eau tiède, forme des tourbillons comme une avalanche miniature !

QUE SE PASSE-T-IL ?

Le lait froid est plus dense que l'eau tiède, et le sel dissous le rend encore plus lourd. Résultat, les deux liquides ne se mélangent pas. Le lait descend en faisant des volutes. Si tu veux, fixe des obstacles sur la planche, et regarde : une petite avalanche les contourne, une grosse les submerge.

PISTE VERTE

EXPÉRIENCE

As-tu déjà pêché de la glace ? Pas besoin d'hameçon !

Il te faut

- Une ficelle ou un fil de 20 cm.
- Du sel.
- Un verre d'eau froide.
- Un glaçon.

1. Mets le glaçon dans le verre d'eau bien froide.
2. Tiens la ficelle par un bout, et pose l'autre bout sur le glaçon.
3. Saupoudre de sel le bout de la ficelle qui touche le glaçon.
4. Compte lentement jusqu'à 20…
   Puis soulève doucement la ficelle pour tirer le glaçon hors de l'eau.

QUE SE PASSE-T-IL ?
Dans la glace, les molécules d'eau sont immobiles et bien ordonnées. Quand on ajoute du sel, les molécules de sodium brisent l'équilibre : l'eau redevient liquide en surface. La ficelle s'enfonce alors dans la pellicule d'eau qui s'est formée. Mais comme le sel se dissout rapidement, tandis que le glaçon reste froid, sa surface regèle rapidement en emprisonnant au passage la ficelle.

LE GRAND QUIZ

QUIZ

Teste ici tes connaissances sur l'univers de la neige et des sports de glisse !

1 – À quoi sert la technique du chasse-neige ?

- À remonter la pente
- À freiner
- À pivoter à 180°

2 – Que signale un drapeau à damier jaune et noir ?

- Un risque de vent fort
- Un risque d'attaque de guêpes
- Un risque d'avalanche

3 – Le skeleton, c'est...

- Un sport de patinage
- Un sport de luge
- Un sport avec des skis très courts

4 – Un saut périlleux arrière se dit aussi :

- Un backflip
- Un snowflip
- Un frontflip

5 – Combien d'anneaux compte le symbole des Jeux Olympiques ?

- 5
- 7
- 9

6 – Quel skieur a la priorité sur la piste ?

- Le skieur amont (qui est en haut)
- Le skieur qui vient de la droite
- Le skieur aval (qui est en bas)

7 – Quel sport réunit le saut à ski et le ski de fond ?

- Le combiné norvégien
- Le combiné alpin
- Le combiné nordique

8 – Quelle race de chien ne tire pas de traîneau ?

- Le labrador
- Le husky
- Le malamute

9 – Où se sont déroulés les Jeux olympiques de 1992 ?

- À Grenoble, dans l'Isère
- À Albertville, en Savoie
- À Barèges, dans les Pyrénées

10 – Cette remontée mécanique n'existe pas

- Le télécabine
- Le télébanc
- Le télésiège

11 – Quels sont les 2 sports du biathlon?

- Le slalom et le ski de bosses
- Le ski de fond et le tir à la carabine
- Le ski de fond et le saut à ski

12 – Le port du casque est conseillé

- Aux enfants seulement
- Aux skieurs confirmés
- À tous les skieurs

13 – Que signifient les lettres « ESF »?

- École du Ski en France
- École du Ski Français
- École du Ski Facile

14 – Avec quel objet pratique-t-on le hockey?

- Une crosse
- Un club
- Une canne

MINIBLAGUE
C'est l'inauguration des JO d'hiver. Le président sort son discours et commence à lire: « Oooo... ».
Son conseiller se précipite: « Monsieur le président, ça, ce sont les anneaux olympiques! Le texte est écrit dessous... »

15 – Le freeride, c'est...

- Un type de parcours dans un snowpark
- La pratique de la glisse en hors piste
- La pratique du snowboard tiré par une voile

16 – Quand on skie, il est recommandé

- De manger comme d'habitude
- De prévoir un petit déjeuner copieux
- De ne prendre qu'un seul repas, le soir

17 – La station ultra chic de Gstaad se situe

- En Allemagne
- En Autriche
- En Suisse

18 – Quel élément ne figure pas sur un bâton de ski?

- La languette
- La rondelle
- La dragonne

19 – Quelle position prend un skieur pour améliorer son aérodynamisme?

- La position de l'œuf
- La position du lotus
- La position basse

20 – Qu'est-ce que le télémark?

- Une figure de snowboard
- La plateforme de départ d'une course
- Une technique de ski alpin

RECETTES SALÉES

PISTE VERTE

SALADE D'HIVER

Pour 4 personnes

- Salade (laitue, iceberg, batavia…)
- 1 pomme
- 16 cerneaux de noix
- 1 poignée de raisins secs
- 1 endive
- 2 carottes
- 4 tranches de jambon de Bayonne si tu es dans les Pyrénées, de Savoie si tu es dans les Alpes
- 160 g de fromage Ossau-Iraty si tu es dans les Pyrénées, comté ou beaufort si tu es dans les Alpes
- 4 cuillères à café de confiture à la cerise

Pour la vinaigrette :

- 1 cuillère à café de moutarde
- 4 cuillères à soupe d'huile de tournesol
- 2 cuillères à soupe de vinaigre
- sel

1. Lave bien la salade et essore-la.
2. Coupe l'endive en petits morceaux que tu laveras également.
3. Pèle les carottes et coupe-les en fines rondelles.
4. Pèle la pomme et coupe-la en morceaux.
5. Mélange dans un saladier la salade, l'endive, les carottes et la pomme.
6. Prépare la vinaigrette : dans un bol, prends une cuillère de moutarde, ajoute l'huile, le vinaigre, une pincée de sel, et bats le tout avec une fourchette.
7. Verse la vinaigrette dans la salade et mélange le tout.
8. Dispose la salade au milieu de chaque assiette. Décore avec les cerneaux de noix et les raisins secs.
9. Sur un côté de l'assiette, mets une tranche de jambon par personne, que tu pourras rouler et attacher avec un petit pique.
De l'autre côté, dispose des morceaux de fromage coupés en triangle.
À côté des morceaux de fromage, mets une cuillère de confiture à la cerise.

FONDUE DU DAHU

À faire avec l'aide d'un adulte

Pour 4 personnes

- 200 g d'emmental ou de gruyère
- 200 g de comté
- 200 g de beaufort
- 1 verre de vin blanc du pays
- 1 gousse d'ail
- 8 champignons de Paris
- 1 poivron rouge
- pain de campagne

Les accompagnements :

1. Lave et coupe les légumes en gros morceaux, de telle sorte que chacun de tes invités puisse facilement les enfiler sur les piques à fondue.
2. Coupe le pain en gros morceaux.

La fondue :

1. Râpe les trois fromages.
2. Frotte le caquelon (le récipient de l'appareil à fondue) avec une gousse d'ail pelée.
3. Verse le vin blanc dans le caquelon et fais-le bouillir sur la gazinière ou une plaque électrique.
4. Quand le vin blanc bout, ajoute le fromage râpé et remue bien avec une cuillère en bois jusqu'à obtenir une pâte homogène. Attention à ne pas te brûler !
5. Pose sur la table l'assiette avec les légumes et le bol avec les croûtons de pain.
6. Demande à un adulte d'allumer le réchaud et de poser le caquelon dessus, c'est très chaud, ne le fais pas tout seul. Appelle tes invités, ils peuvent passer à table !

C'EST QUOI, UN DAHU ?
C'est un animal qui a les pattes plus courtes d'un côté pour pouvoir tenir dans la pente. Enfin, c'est ce que raconte la légende...

RECETTES SUCRÉES

CRÊPES AU CHOCOLAT DE CHARLOTTE

À faire avec l'aide d'un adulte

Pour 8 crêpes

Pâte à crêpes :

- 100 g de farine
- 2 œufs
- 20 cl de lait
- 20 g de beurre fondu + 30 g pour la cuisson
- 1 sachet de sucre vanillé
- 1 pincée de sel

Sauce au chocolat :

- 120 g de chocolat noir à dessert
- 1 demi-verre de lait

Préparation de la pâte :

Mélange la farine, le sel et le sucre dans un saladier. Ajoute un à un les œufs en remuant bien avec un fouet. Ajoute peu à peu le lait et mélange bien pour que la pâte ne forme pas de grumeaux. À la fin, ajoute le beurre fondu. Laisse reposer au moins une heure.

Sauce au chocolat :

Fais fondre à feu très doux le chocolat en remuant sans cesse. Ajoute petit à petit le lait, jusqu'à obtenir une sauce très lisse.

Cuisson des crêpes :

Chauffe ta poêle à crêpes en faisant fondre un bon morceau de beurre de sorte que toute la poêle soit bien graissée. Vérifie que la pâte à crêpes est assez liquide, ajoute autrement un peu de lait. Verse une petite louche de pâte dans ta poêle et remue celle-ci pour que la pâte la tapisse entièrement. Remets la poêle sur le feu et surveille la cuisson en décollant avec une spatule au fur et à mesure les bords de la crêpe. Quand un côté est cuit, retourne-la vite soit en la faisant sauter (si tu as le goût du risque), soit en la retournant avec ta spatule (si tu es plus prudent). Laisse cuire l'autre côté de la crêpe quelques secondes et dépose-la sur une assiette. Ta première crêpe n'est pas très réussie ? C'est normal, la poêle n'est pas encore assez chaude. Ajoute dans la poêle un autre petit morceau de beurre et recommence l'opération pour les autres crêpes. Verse sur chacune des crêpes la sauce au chocolat, roule-la et ferme-la avec un petit pique. À déguster aussitôt !

PISTE NOIRE

LE GÂTEAU DE SAVOIE

À faire avec l'aide d'un adulte

Pour 6 personnes

- 6 œufs
- 100 g de sucre
- 2 sachets de sucre vanillé
- 40 g de poudre d'amande
- 100 g de farine
- 25 g de fécule de pomme de terre
- 1 citron non traité
- Beurre pour le moule
- Amandes effilées pour la décoration

1. Demande à un adulte de faire préchauffer le four à 180 °C.
2. Coupe le zeste d'un citron entier en tout petits morceaux.
3. Casse 6 œufs en séparant le blanc des jaunes. Verse les jaunes dans un saladier, les blancs dans un autre.
4. Dans le saladier avec les jaunes d'œufs, ajoute 50 g de sucre et le sucre vanillé. Mélange bien avec un fouet ou un batteur électrique jusqu'à obtenir un mélange assez blanc.
5. Dans un autre saladier, mélange la poudre d'amande, la farine et la fécule et ajoute-la en plusieurs étapes à la première préparation. Mélange bien, la pâte doit être lisse.
6. Monte les blancs en neige dans l'autre saladier avec 50 g de sucre et verse-les délicatement dans le premier saladier en mélangeant tout doucement. Ajoute le zeste de citron.

7. Prends ton moule à gâteau, beurre-le et recouvre le fond d'amandes. Verse dedans la pâte sans le remplir à ras bord pour que la pâte ne déborde pas lors de la cuisson. Demande à un adulte de mettre ton gâteau au four et laisse-le cuire 20-25 minutes.
8. Pour savoir si ton gâteau est cuit, enfonce dedans la lame d'un couteau, elle doit ressortir presque sèche. Sers avec une boule de glace à la vanille, c'est encore meilleur !

SOLUTIONS des QUIZ et des JEUX

60–61 LA NAISSANCE D'UNE MONTAGNE

A • Vrai. Il y a 250 millions d'années, les 2 continents étaient réunis. Regarde leur forme actuelle : ils s'emboîtent presque parfaitement !

B • Vrai. Mais ne t'inquiète pas : tu peux sauter dessus sans la briser !

C • Faux. Il n'y a bien sûr rien à faire. On pense par exemple que dans 50 millions d'années, la mer Méditerranée aura disparu.

64–65 LES MONTAGNES DE FRANCE

A • Vrai. Des éruptions sont toujours possibles, pas forcément aux mêmes endroits. Mais il y a peu de risques que cela arrive de sitôt…

B • Faux. Cela désigne un sentier de grande randonnée, qu'on peut emprunter à pied en suivant les balises.

C • Faux. Le plus long fleuve de France (1 006 km) prend sa source au mont Gerbier-de-Jonc… en Ardèche, dans le Massif central !

66–67 LA FLORE DE L'HIVER

A • Faux. Le vent est plus fort qu'eux, et sur les cimes très venteuses, les troncs poussent courbés dans le sens habituel où il souffle…

B • Vrai. Les hommes de la préhistoire en mâchaient, sans doute pour se désinfecter la bouche. Aujourd'hui, on préférera un bonbon au miel et à la sève de pin !

C • Faux. Le saule herbacé est en réalité 10 fois plus petit, et ne dépasse pas 10 cm !

68–69 LA FAUNE DE L'HIVER

A • Vrai. On entend de loin les sifflements en été. Aussitôt, toute la colonie se réfugie dans le trou le plus proche.

B • Faux. Il lui suffit de 15 minutes. Ses secrets ? Un poids plume de 40 kg, des membres musclés et un cœur puissant !

C • Vrai. On en compterait une trentaine dans les Vosges, environ autant dans les Alpes et plus de 100 dans le Jura.

70–71 TOUT SUR LA NEIGE

A • Vrai : sur un champ de neige fraîche, la voix ne porte guère à plus de 10 m.

B • Faux : au contraire, le sel fait fondre la neige ! On sale les routes pour la faire fondre.

C • Vrai : au sol, sous une couche de neige, il fait 0 °C, jamais moins.

74–75 SA MAJESTÉ MONT BLANC

A • Vrai. Le tunnel, emprunté par des voitures et des camions, mesure 11,6 km de long et 8 m de large, et a été inauguré en 1965.

B • Vrai. Au-delà de 3 700 m, toutes les précipitations tombent sous forme de neige, en été comme en hiver.

C • Faux ! *Rosso* veut dire rouge en italien. Le mont Blanc s'appelle comme en France, le Monte Bianco.

76–77 L'HISTOIRE DU SKI

A • Vrai. Les hommes de la préhistoire les attachaient sous leurs pieds pour marcher plus facilement sur la neige.

B • Faux. L'os est un matériau bien trop fragile. Seul le bois permet d'être à la fois souple et résistant.

C • Vrai. Le mot est apparu en France à la fin du XIXe siècle. Avant, on disait « patin ».

78–79 LES STATIONS DE SKI

A • Vrai. À elles seules, les Alpes rassemblent 35 % des stations du monde et accueillent 45 % des skieurs.

B • Vrai. Elle est construite sous une immense cloche de béton d'1 m d'épaisseur. Il y fait 2 °C maximum, contre 40 °C à l'extérieur !

C • Faux. Il existe au contraire plus de 500 stations de ski, même si la plupart ont un domaine skiable réduit.

80–81 LE BON MATÉRIEL

A • Faux. Il faut les ranger verticalement, sans les attacher l'un à l'autre, pour mieux conserver leur élasticité.

B • Vrai. Quand on avance, la pression de la semelle fait fondre la neige. C'est sur cette minuscule pellicule d'eau (qui regèle aussitôt après) que le ski glisse !

C • Faux. Plus les skis sont longs, plus ils sont stables. Ce sont les skis courts qui sont les plus maniables.

82–83 LE CODE DES PISTES

A • Faux. Il n'existe pas de limite de vitesse à skis, même si sur certaines pistes, des radars affichent la vitesse pour inciter à la prudence.

B • Faux. Une intervention de secours peut coûter de 50 € (en bas d'une piste) à plus de 600 € (en hors-piste). La solution : souscrire une assurance avant !

C • Faux. On doit au contraire se placer sur les côtés, en dehors des piquets qui délimitent la piste !

84–85 LES REMONTÉES MÉCANIQUES

A • Vrai. La plus ancienne trace connue, une gravure japonaise de 1250, montre des personnes circulant dans des paniers suspendus à une corde.

B • Faux. C'est un des moyens de transports les plus sûrs au monde ! En moyenne, on compte 1 blessé grave pour 35 millions de trajets.

C • Faux. Les moteurs sont électriques. Mais dans les années 1930, certains des premiers téléskis étaient actionnés par des moteurs d'avions recyclés !

94–95 LES MÉTIERS DU SKI

A • Faux. Le nivoculteur « cultive » la neige, en s'occupant des canons à neige de la station.

B • Faux. Les moniteurs de l'ESF portent depuis 1958 la fameuse combinaison rouge, et ceux de l'ESI une combinaison bleu turquoise.

C • Faux. Sa saison à lui est plutôt l'été, le temps des escalades et des ascensions. Mais il peut aussi organiser des sorties en hiver.

96–97 DEVENIR CHAMPION(NE) DE SKI

A • Faux. L'âge minimum conseillé pour s'initier est de 3 ans. À l'ESF, c'est l'âge auquel les enfants sont admis au club Piou Piou.

B • Vrai. À partir d'un certain niveau, il est aussi obligatoire de porter sous la combinaison une protection dorsale.

C • Vrai. Dès les années 1950, le ski a été le premier des « handisports », en loisir comme en compétition.

98–99 LES JEUX OLYMPIQUES D'HIVER

A • Vrai. Le climat permettrait pourtant qu'ils se déroulent dans un pays de l'hémisphère Sud, mais pas aux dates souhaitées !

B • Vrai. À Sotchi en 2014, chaque médaille d'or, composée de 516 g d'argent, était seulement recouverte de 6 g d'or.

C • Faux. Il a bien remporté 3 titres olympiques à Grenoble, mais cela se passait en 1968 !

102–103 LE PLAN de la STATION

LABYRINTHE

OBSERVATION :

BONHOMMES DE NEIGE :

104–105 EN CLASSE de NEIGE

CODE SECRET : Coucou les parents ! Le chauffeur du bus s'est trompé ! Nous ne sommes pas en classe de mer, mais au ski ! J'ai trop froid en maillot de bain ! Au secours !

DÉDUCTION

106–107 LA BOUTIQUE de LOCATION

LOGIQUE :
6 x 6 = 36 / 36 + 18 = 54
54 – 10 = 44
44 : 4 – 11 + 2 – 4 = 9
9 x 4 = 36 euros.

GAUCHE/DROITE

108–109 SUR les PISTES

JEU DE PISTE

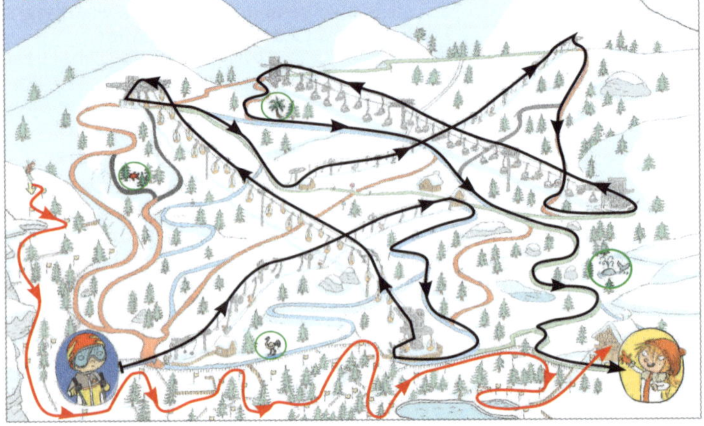

ORIENTATION
Dans l'ordre : bleue / verte / rouge / verte / rouge / bleue / verte

INTRUS :

110–111 AVEC les PISTEURS

TEXTE À TROUS : 1 C / 2 F/ 3 E et A 4 D / 5 G / 6 B

FILS EMMÊLÉS : A, C, B.

DOMINO : La neige MOUILLÉE et la neige POUDREUSE causent des avalanches.

112–113 LES REMONTÉES MÉCANIQUES

MOTS CACHÉS : Lucas a emprunté le téléski 11 fois.

ENGRENAGE : réponse B.

RÉBUS : J'ai trouvé un moyen de faire des économies, je vais monter à pied.

114–115 BATAILLE de BOULES de NEIGE

LOGIQUE :
11 x 2 = 22
27 x 2= 54
36 x 2 = 72
49 x 2=98
51 x 2 = 102
64 x 2 = 128

116–117 LES MOTS du SKI

MOTS CROISÉS : **Courchevel**
(1 Pic / 2 Soleil / 3 Luge / 4 Cordée / 5 Avalanche / 6 Chamois / 7 Glisse / 8 Névé / 9 Étoile / 10 Killy).

MOTS CACHÉS : **Alpes :** Avoriaz, Tignes, Méribel, Morzine, Valloire.
Pyrénées : Gourette, Barèges, Superbagnères.

CÉKOISSA? :
1 Spatule. / 2 Schuss (de l'allemand *Schuss*, « coup de feu »). /3 Chasse-neige. / 4 Godille. / 5 Jour blanc. / 6 Amont. / 7 Poudreuse. / 8 Talon. / 9 Carres. / 10 Fixation. / 11 Slalom (du norvégien *sla* et *lam*, « descente » et « sentier »). / 12 Semelle.

118–119 UN TOUR au SNOWPARK

JEU D'OMBRE 

MOTS MÉLANGÉS :
Big air / Boardercross / Slopestyle / Halfpipe

120–121 SKIER comme L'ÉCLAIR

TRACES EMMÊLÉES : C, A, D, B.

TEXTE À TROUS : Pour un meilleur aérodynamisme, je porte un casque en forme de cône, et des ailerons derrière les mollets. Dès le départ, sur une pente à 45 degrés, je passe de 0 à 200 km/h en 6 secondes, comme une Formule 1. La piste mesure 850 m de long, mais la vitesse est calculée sur les 100 derniers mètres. En fendant l'air à cette vitesse, je fais un bruit d'avion de chasse !

JEU D'OMBRES : le skieur a atteint 180 m.

122–123 DESCENTE aux FLAMBEAUX

OBSERVATION :
B, C, D.

124–125 QUEL SKIEUR es-tu ?

QUESTIONNAIRE :

Si tu as un maximum de réponses (a), tu dois avoir un niveau avancé de ski (environ 2e étoile, 3e étoile).
Si tu as un maximum de réponses (b), tu dois avoir un niveau très avancé de ski (environ étoile de bronze, étoile d'or). Peut-être fais-tu déjà des compétitions.
Si tu as un maximum de réponses (c), tu es encore débutant, mais avec un peu d'entraînement et des cours, tu devrais vite passer au niveau supérieur.

CHARADE : Je suis une monitrice.

MOTS CACHÉS

N	F	E	A	T	N	E	G	R	A	B
B	O	U	R	S	O	N	V	P	I	L
N	O	I	R	E	H	C	E	L	F	E
M	M	E	T	R	E	V	R	U	L	U
E	O	S	K	I	W	S	X	G	O	S
L	M	O	N	I	T	E	U	R	C	
I	Z	R	O	U	G	E	D	F	O	O
O	E	P	U	O	C	I	P	A	N	M
T	E	L	L	I	A	D	E	M	I	A
E	G	E	Z	N	O	R	B	U	O	H
P	I	S	T	E	U	I	R	B	A	G

126–127 LA SOIRÉE RACLETTE

LOGIQUE :
Marc a le plus faim, suivi de Marie, Martin et Marianne.

LETTRES MÉLANGÉES : Mirabelle, questche, figue, noix, mûre, noisette, kaki, châtaigne.
La syllabe intruse est « thon ».

128–129 JEUX de PLEIN AIR

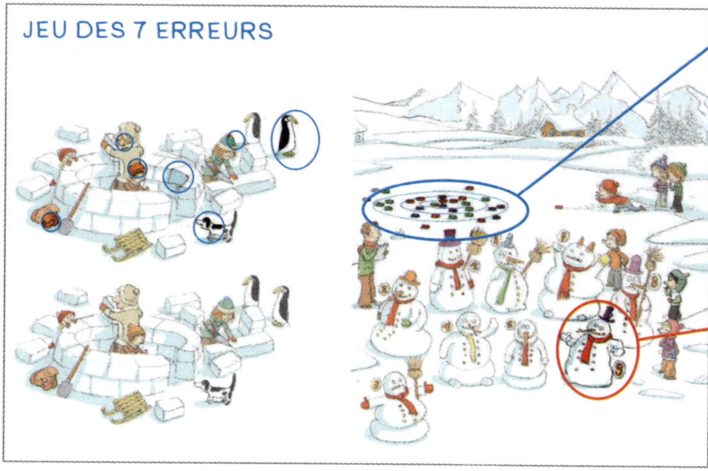

MINI CURLING :
Vert gagne (14 pts), suivi de Rouge (13 pts) et Bleu (12 pts).

LOGIQUE :
Le n° 9 est le gagnant du concours

132–133 LE GRAND QUIZ

1) À freiner.
2) Un risque d'avalanche.
3) Un sport de luge.
4) Un backflip.
5) 5 anneaux.
6) Le skieur aval a la priorité.
7) Le combiné nordique.
8) Le labrador.
9) À Albertville, en Savoie.
10) Le télébanc.
11) Le ski de fond et le tir à la carabine.
12) À tous les skieurs.
13) École du ski français.
14) Une crosse.
15) La pratique de la glisse en hors piste.
16) De prévoir un petit déjeuner copieux.
17) En Suisse.
18) La languette.
19) La position de l'œuf.
20) Une technique de ski alpin.

24
7
×

Achevé d'imprimer en octobre 2015, en France, par POLLINA.L74104.

PEFC™ 10-31-2065 / Certifié PEFC / pefc-france.org